The Price of Everything

價格的祕密

Russell Roberts

羅素・羅伯茲｜著

李靈芝｜譯

經濟趨勢 40

價格的祕密

作　　者　羅素・羅伯茲（Russell Roberts）
譯　　者　李靈芝
企畫選書人　林博華
責任編輯　許玉意

主　　編　許玉意
總 編 輯　林博華
發 行 人　凃玉雲
出　　版　經濟新潮社
104台北市中山區民生東路二段141號5樓
電話：(02)2500-7696　傳眞：(02)2500-1955
經濟新潮社部落格：http://ecocite.pixnet.net
發　　行　英屬蓋曼群島商家庭傳媒股份有限公司城邦分公司
台北市中山區民生東路二段141號2樓
客服服務專線：02-25007718；25007719
24小時傳眞專線：02-25001990；25001991
服務時間：週一至週五上午09:30-12:00；下午13:30-17:00
劃撥帳號：19863813；戶名：書虫股份有限公司
讀者服務信箱：service@readingclub.com.tw
香港發行所　城邦（香港）出版集團有限公司
香港灣仔駱克道193號東超商業中心1樓
電話：852-2508 6231　傳眞：852-2578 9337
E-mail:hkcite@biznetvigator.com
馬新發行所　城邦（馬新）出版集團
Cite(M) Sdn. Bhd. (458372 U)
11, Jalan 30D/146, Desa Tasik, Sungai Besi, 57000 Kuala Lumpur, Malaysia
電話：603-90563833　傳眞：603-90562833
印　　刷　宏玖國際有限公司
初版一刷　2010年2月4日

城邦讀書花園
www.cite.com.tw

ISBN：978-986-7889-93-5

售價：320元
Printed in Taiwan

各界讚譽

「《價格的祕密》具體描繪了我們所處的、令人驚嘆的經濟世界。這本書會改變你的生活——因爲閱讀後，你將體會日常生活中原來充滿了不可思議的驚奇讚嘆。」

——保羅・羅默（Paul Romer），史丹福大學教授

「不妨看一下你眼睛目前緊盯著的電腦螢幕，更別提你現在正用來點閱文章的電腦滑鼠。你是否曾想過，上述這兩種東西是如何生成的？你是否能獨力製作？如果可以的話，你要如何且從何處取得製造這些東西的原物料及零件？如果你被上述問題給激怒了，則經濟學教授羅素・羅伯茲的這本新小說《價格的祕密》，是專爲你寫的。重要的是，羅伯茲並沒有在本書中解釋太多關於事物是如何製造的，他反倒透過故事中教授和學生生動有趣的對話，教導我

們：『整個我們稱之爲市場經濟的系統，之所以運作良好，正是因爲我們對它並無太多所需知道之處。』」

——John Tamny，《富比士》（*Forbes*）經濟專欄主筆

「沒有人能夠獨力做出鉛筆，這是本書的核心重點。本書無論從教學性或故事性來看，都有非凡的表現。如果你讀完本書，你會重新看待這個世界。」

——George Will，*Newsweek*

「這本書是羅伯茲第三次涉足總體經濟的小說。從散文體及其內容的角度來看，這也是他表現最好的一本……在這本新書中，場景設立在史丹福大學校園，羅伯茲將幾種對生活經濟學的聰明見解，與繁榮和經濟成長的主題結合在一起，以無比的熱情解決問題。」

——A.R. Sanderson *Choice*

「本書是羅伯茲的最新教學小說。我不得不大力推薦。我認爲羅伯茲的其他小說，其企圖教

授經濟學的成效不錯，但我認爲這本才是其中最棒的。」

——Arnold Kling，經濟學家

「本書是羅伯茲的第三部經濟小說。前兩本分別是《貿易的故事》，以及《愛上經濟》。這些作品爲自由市場經濟理論做了詳盡的介紹，對於那些一看到數字和圖表就頭疼的人，特別受用。以說故事的方式包裹經濟學理論，也許看來是個奇特的教學方法，然而教學性的小說卻擁有長期且崇高的名聲。」

——Clint Witchalls *Spectator*

「別被書名給嚇倒了。較有可能的是，你一拿起本書就捨不得放下。它的卓越之處在於其簡單性，同時，它也是第一本我所推薦的經濟書籍。是的，米爾頓・傅利曼（Milton Friedman）的《選擇的自由》（*Free to Choose*）和海耶克的《通往奴役之路》（*The Road to Serfdom*）仍然是基石。至於是否容易閱讀？我想不容易吧。」

——Thomas Oliver *Atlanta Journal-Constitution*

「我喜歡羅伯茲以海耶克所謂的自發性秩序（spontaneous order，亦即那些一向堅信秩序是由上至下的人也不得不認可）交織成故事中的情境。無論是移動難以預測的舞者在舞池中翻飛而沒有撞擊到他人，或如何做出鉛筆的專業知識，沒有人能夠全然自食其力、不靠別人幫助。這本小書，值得擁有和《一課經濟學》（*Economics in One Lesson*）一樣多的讀者。它以更細緻、更個人和更人文的方式，傳達類似的訊息。寫得好！」

——Alan W. Bock *Orange County Register*

「您是否曾經想給朋友一本書，能以戲劇性的方式，解釋自由經濟的主要優點，藉以讓廣大讀者接受？羅素．羅伯茲的最新小說《價格的祕密》，就是你想要的書。」

——David R. Henderson *Regulation*

【目錄】

作者手札

本書的故事場景設於未來。書中雷蒙・費南德茲、露絲・李柏，以及他們相遇的人物皆爲我的想像創作。如有任何符合史丹福校園中的眞實人物，純屬巧合。實際上也無大盒子公司（Big Box corporation）的存在，如有任何符合其公司總裁鮑伯・巴克曼的眞實人物，亦純屬巧合。本書出版時，書中描述的其他公司、人物及事件，則爲實際或者可想像得到的眞實內容。我已根據極爲精確的美國與美國經濟事實，竭力揣摩這些角色。書末另附資料來源與深度閱讀，供讀者參考。

1 跳脫框架思考

七月某日，剛過午夜凌晨，哈瓦那（Havana）有個女人醒了過來，聽見窗户傳來咚咚咚的聲響。她打開門，她哥哥進來後抱起熟睡的男孩，如同扛著一捆甘蔗般地將小孩扛在肩上。他們走向悶熱溽暑的街道。女人帶著一個縮口袋和一條毯子。一個縮口袋可以放入畢生之物嗎？非得如此不可。因為這是她僅有的隨身之物。男孩依舊沉睡著，他們漸漸沒入黑暗。

抵達郊外以及遠處的海灘時，似乎花了無窮無盡的時間。他們涉水踱向黑暗中等候的小船，登上啓程。

男孩張開了眼。女人抱著他、哄他入睡。日後每當她想起那晚，總記得她摟緊了兒子，不停地禱告，還有這艘船，接著是不停地搖晃，朝北行駛。

「賣完了。」

賣完了？家得寶（Home Depot）的手電筒都賣完了？不可能。手電筒怎麼可能都賣完？

「你說什麼？」雷蒙．費南德茲問。

「對不起，」店員回答。「前兩個小時，店裡簡直亂成一團。我也希望倉庫還有些存貨，不過眞的都沒了。全部賣完了。每只手電筒都賣光了。你過幾天再來吧。」

那晚稍早，雷蒙和艾咪準備晚餐時，地板開始搖晃。地震似乎一直持續著，櫥櫃裡的玻璃杯和盤子叮叮咚咚地晃個不停，牆上掛的兩幅畫也都掉了下來。接著燈熄了。雷蒙點燃原本爲晚餐準備的蠟燭，他們獨自享用燭光晚餐，並不急著向外逃生。但顯然，有數百人比他們更早一步到家得寶找手電筒。

「喂，等一下，」店員說。「你不是雷蒙．費南德茲嗎？」

雷蒙只是笑笑，然後繼續前進。關於大家認出他這件事，他早已習以爲常。他是史丹福繼約翰．馬克安諾（John McEnroe）之後的最佳網球選手，過去三年來奪得ＮＣＡＡ單打冠軍，去年還晉級到溫布頓網球公開賽的決賽。雷蒙或許是灣區最有名的二十歲青年。或許也是美國最有名的二十歲青年。雷蒙小時候，他母親是如何搭著小船逃離古巴、費盡千辛萬苦才抵達佛羅里達州，這段遭遇，即使不關心網球或運動的人也能朗朗上口。

「你認爲我們運氣會比較好，買到牛奶或冰塊嗎？」他們一回到車上時，艾咪就問。「還是你覺得乾脆放棄算了？」

「要不要去海沃（Hayward）的大盒子看看？」

「大盒子？」

「就是那家新開的連鎖大賣場，裡頭有家得寶、山姆俱樂部（Sam's Club）和鮑德斯書店（Borders）。他們說，賣場後門的營業時間和前門不同。總之，行政劃分上算是不同的郵遞區號。那裡可能是我們買到牛奶的最佳機會，而且搞不好還有賣手電筒呢。或者是燈籠、雷射照明或是別的。他們應該什麼都有賣。」

「好吧。我車子油箱是滿的，就去碰碰運氣吧。」

大盒子在灣區甫開店即不得安寧。一次公投結果讓大盒子遠離舊金山。柏克萊居民則對試圖在該處開幕的門市遊行抗議。迄至目前，唯一一家順利開幕的門市，僅在奧克蘭南部的海沃。

艾咪和雷蒙行經聖馬提橋（San Mateo Bridge）接八八〇號公路即至海沃。在大盒子打造下，家得寶就像便利商店，一整天燈火通明。大盒子的停車場之大，竟然有接駁巴士負責將開車前來的購物民眾接送至大門口。一旦進入賣場，大部分的顧客都會搭乘迷你接駁巴士。那是客製的大型高爾夫球車，可依固定路線載顧客至賣場各區，就像小汽車或台車一樣。有些父母帶小孩來這裡，就只爲了搭乘迷你接駁巴士，在賣場各處免費試吃或領取贈品。有些家長還會把小孩放在賣場中央大型的樂高天地，然後逕自購物。

雷蒙和艾咪抵達大盒子時剛過午夜。停車場車雖多，他們最後還是找到空位停車，並搭上接駁巴士。不過，要抵達賣場還眞是不容易。因爲群情激憤的民眾在大門處蜂擁而上，不斷怒吼。雷蒙和艾咪一時之間還搞不清楚究竟發生了什麼事。他們遂跟著人潮向前擠去，終於看到實際情況。只見入口內側貼著一張大告示：只有今晚，店內所有商品售價皆漲一倍。原來是反促銷！而且照情況看來，一場公關災難正同時蔓延著。

賣場有位員工拿著擴音器、站在一疊敷蓋*（mulch）的袋子上，試圖安撫群眾。他解釋，這是奧瑪哈下的決定，他也無能爲力。他手裡拿著一疊明信片和意見表亟欲送出，以平

* 編註：撲撒於土壤上以防止水分蒸散，但仍保持通氣良好的物質。

息群眾情緒、同時確保自身安危。不過，聚集在前門的群眾似乎對領明信片這事興趣缺缺。他們正在找更直接、更立即的反饋表和顧客滿意表。

在失控群眾身後的賣場大門，看來一如往常。小汽車忙碌穿梭其中，儘管額外收費，依然滿載購物乘客。「眞不敢相信。」雷蒙低聲喃喃自語。「要走嗎？」他問艾咪。

「我要手電筒。而且若買得到牛奶的話，我也想買一些。反正都來了。我知道，他們是在敲竹槓，但我怕死了。我連一根蠟燭也沒有。在恢復正常以前，我們根本不知道這樣的情況還會持續多久。」

他們遂留下來，毫不費力就找到牛奶和手電筒。他們也選了一些電池以防萬一。現場只開放三個結帳櫃台，不過艾咪和雷蒙倒不介意比平常多花點時間排隊。

他們總有聊不完的話題。他們是大一在一場運動員獎學金的會議上認識的，那場會議是爲了幫他們處理NCAA規則和法規的複雜部分而舉行。雷蒙那時向隔壁一位高䠷的金髮排球選手借了一枝筆。開始交談後，才發現彼此幾乎毫無交集。她是美國一位市議員的千金，在喬治城長大，讀的是私立貴族學校。她主修生物並計畫上醫學院。雷蒙則在邁阿密的貧民窟成長。他的母親是個清潔婦。他念的是政治科學。她是金髮而他是黑髮。她打排球，他則打網球。他開玩笑說，起碼這兩種運動都有球網。儘管兩人之間存在差異，他們仍繼續聊著天。那晚，他邀她去看電影。很快地，無論是運動、練習、上課，還是寫作業之間的空檔，他們總是在一起。

艾咪和雷蒙站在大盒子結帳隊伍中，兩人的對話突然被前面隊伍裡刺耳的噪音給打斷。一位女子以西班牙文尖叫。這女人一手拿著一瓶嬰兒食品，另一手則將嬰兒揹在身後。這兩樣東西對櫃台人員而言都岌岌可危，於是她舉起雙手以求自保，然而，她以英文的懇求卻對眼前情況於事無補。接著，這女人停止尖叫，開始哭了起來。嬰兒看到媽媽哭泣，也跟著啼哭。收銀員靜佇一旁，正想辦法解決眼前的問題。

雷蒙走到隊伍前面，將手放在那女人肩上，以西班牙文輕聲對她說話。女人不哭了。接著嬰兒也不哭了。收銀員此時面露微笑，同時希望僵局就此結束。

雷蒙向隊伍中的民眾解釋，這個女人身上只有二十美元，但帳單卻要三十五美元。她怎會知道大盒子竟然獅子大開口、突然漲價一倍。因此當收銀員建議她退回一些商品時，她捉狂了。她怎可能不帶些食物和尿布回家給小孩用呢？

雷蒙摘下他的史丹福棒球帽，掏出兩塊錢放進去，並詢問隊伍中的其他民眾，是否也願意慷慨解囊。不到一分鐘，其他人紛紛上前湊齊了不足的十五美元。起先，那女人拒絕了大家的善款。但雷蒙依然輕聲跟她說話，最後，她收下了這筆錢，順利付了帳。雷蒙請艾咪自行結帳，他自己則和這個墨西哥女人又聊了一會。

艾咪從賣場出來後，發現雷蒙站在賣場門前一疊敷蓋的袋子上。在他旁邊的，是那位墨西哥婦女及她的孩子。再隔壁則是之前他們在賣場門口看到的那位大盒子員工。他看來一付想落跑的樣子。但雷蒙卻拿了大盒子的擴音器。那員工認爲自己應該和公司資產形影不離。群眾愈聚愈多，也愈來愈安靜。凌晨一點，只見雷蒙·費南德茲拿著擴音器、站在一大疊敷蓋上，讓過往民眾不禁駐足停看，一探究竟。

「是什麼樣的店家，決定從饑童和關愛的母親身上獲取利益？我們必須傳送訊息給奧瑪哈！」群眾以吼聲回應表示贊成。艾咪爲雷蒙的倡議和處事風格感到驚奇。他看來一如在網球場上的神態，輕鬆自在。雷蒙又繼續說了一會，引起群眾的好感以及對商家忿忿不平的情緒。要是他此時發號施令，賣場門前的每扇窗戶定會被大家碎成瓦礫。但他卻別有計畫。相反地，他降低了音調，放慢了語氣。他說著貧窮的絕望與約束企業力量的必要。群眾抬頭看著他，呆若木雞。他講完後，大家紛紛鼓掌致意並開始塡寫投訴卡。

2 計畫失控

有些人說，雷蒙的父親是古巴有史以來最偉大的棒球選手。有些人則說，他是前無古人、後無來者最偉大的棒球選手，無人能敵。據雷蒙母親透露的故事版本，荷西．費南德茲總是以擊出全壘打或飛撲防守獲勝，或者從中外野直接投向壘包。其投出的球筆直有如飛鏢、弓箭或子彈。觀眾則是一遍又一遍、不斷地狂呼他的名字，直至他從球員休息室出現，並以手觸帽沿向大家致意為止。她所言一切屬實。她父親是國家代表隊的會計師，她十五歲那年，首次邂逅了未來的丈夫。彼時，球賽五分的得分中，荷西就包辦了四分，以完美的時間點奔向牆邊，順利將對方原本擊出的全壘打漂亮封殺。那年他二十一歲，已是男孩中的風雲人物。

在他的黃金歲月、甚至過了黃金歲月期間，不時有人找上門來向他遊說，只要他肯去美國加入洋基隊或紅襪隊或者道奇隊，保證飛黃騰達、名利雙收。他們告訴他，他已離開的隊友現況——坐擁轎車洋房，過著隨心所欲的美好美國生活。然而他卻不為所動。古巴的運勢潮起潮落，他仍選擇留下。他退休時，依舊保持古巴棒球界上每筆輝煌的揮棒紀錄。卡斯楚任命他為首都及小鎮街上的運動大使。因為只有卡斯楚一人才能呼風喚雨，領導街頭更多的群眾。

雷蒙出生後，島內各地歡呼慶祝。甚至連領袖都贈送花籃並祝福這個孩子未來前程似錦。嬰兒出院返家後，卡斯楚還親自登門拜訪。報上刊登卡斯楚懷抱嬰兒的照片，笑容滿面。

露絲‧李柏的辦公室裡，一排排高及天花板的書架，有些書架上的書甚至得放成雙排，才得以讓更多書籍存放。在辦公室中央的大長桌上，則聳立著歪歪斜斜的書堆。

約莫每隔十年，爲了平息同事的嘲笑或揶揄，露絲會清理她的書桌及辦公室中央的桌子。多年前的某個九月，就在她結束夏季打掃沒多久，整個辦公室看來光潔照人，露絲發現有個學生坐在桌前看書，同時啜飲著咖啡。她認出他是新來的研究所學生。於是她坐在桌後，等他開口自我介紹，並且告訴她來此的原因。可是，露絲安靜等了好幾分鐘，這位學生仍然讀著他的書。最後，露絲只好開口詢問，他是否需要幫忙。結果這才發現，他把她的辦公室當成系上圖書館了。他本以爲可以坐在這裡念點書、寫些作業的。

這件事在系上相當出名，不過流傳重點卻在於露絲堆積如山的書以及研一學生的怪癖。說眞的，露絲的辦公室就像系上圖書館，而她就像圖書館員。露絲確實讀過辦公室裡絕大部分的書，甚至還記得大部分的內容。因此在前網路時代，要找一段引言或事實，直接問露絲，往往可以找到最接近用Google搜尋的結果。

這是何以多年來她桌上總是書滿爲患的原因之一。她的書桌也是如此，甚至連地板上也有堆積如山的書，儼然是一幅書市景觀，四處皆爲高聳直立的天際線。露絲坐在書桌前，被她的圖書館淹沒，準備春季班第一堂課。但想到自己要上最後一班的經濟學，感覺畢竟十分奇特，思緒不禁漫遊飄忽。

她在這所大學工作已超過四十年。大部分時間都擔任經濟學教授，研究美國經濟史。她在任教生涯中期時立定志向，願當老師多於學者。在許多經濟系中，每年只有一位傑出老師會教有數百名學生選修的大型經濟學入門課。而露絲正是那位老師。

在她任教生涯的晚期，則成爲教務長。後來，她眞的沒有時間教書了，但仍堅持每年教授一班、選修人數只限二十名的資深研討會。她計畫在暑假退休，因此這是她最後一班。

她一進教室就找了最靠近黑板、佔據大半教室面積的大橡木桌前坐下，並且自我介紹。接著她從公事包中拿出一枝削好的Dixon Ticonderoga二號新鉛筆，放在桌前。

「沒有人可以做出一枝鉛筆。」

露絲說完後便不再繼續。她看著一張張學生的臉孔。他們並不清楚該如何回應。她在挑戰他們嗎？還是跟他們開玩笑？

有位學生舉了手。

「你叫什麼名字？」露絲問。

「喬許。」

「喬許，你的想法是什麼？沒有人可以做出一枝鉛筆。對或錯？贊成還是反對？」

「好像很可笑，」他找到機會說明，接著補充：「恕我冒昧，你可以在校園書店和所有鎮上買到鉛筆。大家隨處亂放。鉛筆眞的到處都是。」

「那麼喬許，你可以做出一枝鉛筆嗎？」

「什麼？一枝鉛筆？當然不行。」

「為什麼當然不行？」

「我二十一歲，我……」

「那你認為我可以做出一枝鉛筆嗎？」

喬許把它當成修辭問題思考。自忖：兩個倒下，其餘約六十億的人可以離開。「我們或許運氣較好，可以參觀鉛筆工廠，在裡面找些比較好的鉛筆。」他說。

「其實，我參觀過鉛筆工廠，」露絲說。「但還是沒有人知道如何做出一枝鉛筆。你認為在鉛筆工廠裡會找到什麼呢？」

「有很多人在做鉛筆。」全班哄堂大笑，大家似乎輕鬆了點。「那裡有很多做鉛筆的設備，」喬許繼續表示。「有些是木頭。有些是鉛。有些是橡皮擦。然後作業員把這些材料全部放在一起。能有多難？」

「你有沒有想過，那些鉛是怎麼來的呢？」露絲問。

「我不知道，」喬許說。他從未想過這個問題。但他再接再厲。「他們可能拿一塊木板，打造成鉛筆的樣子，然後鑽一個洞，把鉛放進去。不對嗎？」

露絲搖搖頭。她又把手伸進公事包裡，取出一片薄木板。

「全世界只有一個地方製造這些西洋杉木板、並將它們賣給鉛筆工廠。在工廠裡，他們把十個皆爲筆芯寬度的狹窄凹槽、放進每片木板裡，就像這樣。」

她手伸進公事包裡，掏出第二片附有十個凹槽的西洋杉木板。

「接著他們在凹槽內放入一些膠水，再把鉛放進每個凹槽內。當然那不是眞正的鉛，而是石墨。有沒有人知道，石墨是從哪裡來的啊？」

無人回答。露絲繼續解釋。

「它存在於斯里蘭卡、墨西哥、中國和巴西的地底。在鉛筆工廠，他們把石墨和從密西西比州取得的黏土，再加上一些水混合後加以燒烤，溫度差不多是攝氏一〇三八度。接著他們把烤好的東西翻滾出來，裁切成正確的長度。噹啷！就是我們所說的筆芯。他們將筆芯放進這些凹槽裡，再拿另一個凹面的西洋杉木板放在筆芯上面。於是變成了筆芯西洋杉三明治。看起來就像這樣。」

她又把手伸進公事包裡，拿出另一塊木板。

她繼續說明：「我眞正要把話題帶回鉛筆工廠的內容，就是大廳的那枝鉛筆。可能有十公尺長。是眞鉛筆附上橡皮擦的完美巨大模型。如果保羅．拜雅（Paul Bunyan，譯注：美國民間傳說中的伐木巨人）或金剛不小心經過，需要時可以派上用場。現在看看這塊西洋杉三明治。它上面烙著十枝鉛筆。我們得讓它們自由。因此會用特別的鋸子，從這塊木板上鋸下鉛筆。首先得裁下底部，看起來像這個樣子。你們可以看到露出來的鉛筆嗎？它們會變成傳統的六面鉛筆。在這裡你們可以看到它們是呈現半裁型。接著他們會把木板翻轉過來，再用鋸子穿過木板，然後出現十枝鉛筆。每枝鉛筆都會上三次漆，添上漂亮的黃鶯色。你們有沒有注意過，它們從未出現在你削好的筆尖上？他們是如何把漆上得這麼完美？」

「他們莫非是用極細的刷子上色的？」喬許猜測。

「沒錯。神明對一些小精靈施了魔法。被施了魔法的小精靈就用刷子把它們刷得漂漂亮亮的。其實，他們是把鉛筆做得過長。漆好後再把鉛筆尾端削掉一點邊，好讓鉛筆看起來乾淨整齊。我愛死了！這種作法比小精靈更讚！他們還不用擔心另一端是不是有點鈍，反正顧客根本看不到，因爲被小小的鋁片和橡皮擦給蓋住了。裝好鋁片和橡皮擦後，他們再印上綠色的字母。也就是在光線正常的情況下，你們在蒼蠅身上看到的那種螢光綠。但你們知不知道，在這整個製造過程中，我最喜歡哪個步驟？就是刨西洋杉那段。他們從由三面鋸子裁成的西洋杉三明治中刻出鉛筆，每次用一面，留下一小撮西洋杉。環保署不會讓他們就這樣把這些東西丟掉。你們知道他們怎麼處理嗎？」

喬許開玩笑說：「用來蓋小精靈的小西洋杉屋嗎？」

「喬許，你進入狀況了，不是嗎？但錯了，他們並未依照環保署規定的棄置方式，相反地，他們讓火雞農場的農夫把這些刨剩的西洋杉屑拿走，做爲火雞的床鋪。火雞喜歡坐在這些刨屑上面，因此農夫也樂於取用。鉛筆工廠必須把這些東西處理掉，如此一來還可以省下棄置處理費用。生活舒適的火雞則在十月坐在豪華的西洋杉床上，對於即將到來的十一月底的節日完全無覺無感，這件事對我而言感受極爲強烈。」

露絲停頓下來，看著全班。

「一枝簡單的鉛筆，」她舉起鉛筆說著，並將它轉向面光處，冬陽透過大片窗戶，在牆上映照出一束束光線。「還有更簡單的東西嗎？可是製造一枝鉛筆卻幾乎是——」她停下來想著合適的用詞。「神奇的。要形容一樣東西是簡單的、世俗的同時又是神奇的，的確令人困惑是不是？然而它卻是井然有序的成果展現，就像一個爵士樂四重奏，當樂團成員散居各地時，演奏更臻完美。表面看來，有些事情根本不可能，但不知為何卻緊密結合，融為一體。妳叫什麼名字？」露絲指著一位坐在後面、看來毫無印象的女生問道。

「安潔雅。」

「安潔雅，妳認為呢？究竟神不神奇？」

「李柏教授，那很不錯。但畢竟只是一枝鉛筆，不是嗎？」

「妳確定嗎？這就是妳的結論嗎？只是一枝鉛筆？從一塊未經處理的簡單木板開始。有人砍下一棵種植在加州的西洋杉，運送至工廠。工廠的人把那棵樹做成木板。從砍樹、送到工廠、刨平、削好成形，看來似乎十分簡單的一個動作，卻花上數以千計的人力來處理這塊木板。有人製造砍樹的鋸子、有人開著載運木頭的卡車、有人在工廠將這些木頭裁切成形，還有人製造工廠裡用的機器，而為的不過就是這塊木頭。接著還要處理石墨加工事宜。在斯里蘭卡有無數的人在工作，把石墨從地裡取出來後送至工廠。鋁套圈則來自日本。橡皮擦是從韓國、有時是從加拿大進口的合成橡膠。在鉛筆塗上愉悅陽光般色彩的漆，則是從田納西州或紐澤西州來的。而這些都只是基本的組件。東西送到工廠後，所有工作者再將這些材料組合完畢。他們用另一大群人製造的機器設計並打造。沒有一個人可以獨力完成所有的步驟。它會花上數以千計人的一生。因此沒有人可以製造一枝鉛筆。」

「所以一枝鉛筆有多人的心血投入，」安潔雅說。「眾人分工合作。有什麼了不起？它的神奇之處在哪裡？」

「是誰指揮軍隊？」

「什麼？」

「是誰指揮軍隊？」

「**什麼軍隊**？」

「一群將這枝鉛筆從無到有製造出來的軍隊。是誰在負責的？這群效力的軍隊，他們的將軍在哪裡？鉛筆大王人在哪裡？這人究竟是何方神聖？」

「爲什麼需要這樣一位將軍？」安潔雅問。

「每年都有人砍下正確數量的西洋杉，或是從地底取出正確數量的石墨，以製成所有的鉛筆，即使這兩種物品可以用來做成一千種其他的東西。爲什麼總有足夠的數量供應製作？餐廳女侍從來不會對卡車司機說：『呃，抱歉——今天的咖啡已供應完畢。』工廠從來不缺西洋杉。無論你九月甚至一月時現身校園書店，不管你想要一枝還是一打，那裡總有數量充裕的鉛筆供你購買。書店從來不會告訴你：『對不起，鉛筆賣完了，請你七月再來一趟，我們的供應商屆時應可提供一些。』而這只是開端。是誰決定這個軍隊的人數？是誰決定他們的工作內容？是誰告訴全世界從事鉛筆製造的人該做什麼？何時做什麼？是誰確定所有的工人都善盡職責？不知爲何，有一百萬人散居世界各地協力合作，可是這些工作卻沒有一個統籌負責的人。斯里蘭卡的石墨礦工從來不曾和那些將西洋杉運到鉛筆工廠的卡車司機溝通。這是何以它有如與其他散居全國各地的三人共同演奏爵士樂一樣。沒有腳本。沒有總譜。沒有指揮。這難道不特別嗎？」

全班靜默。大家不確定該如何回應。在課堂內受老師講課內容吸引可謂極不尋常，況且還是圖表之外的一枝鉛筆。

「注意這點，」露絲繼續表示，「注意一枝鉛筆的神奇，但這仍不夠值得注意。因爲神奇之處隱藏於後。這有點像是靜樂，鉛筆的音樂。一旦了解箇中奧密後，你便能在腦海中聽見它的悠揚樂音。音樂之源、神奇之源即爲亞當・史密斯所稱的『對於買賣、交易和以物易物的習性。』史密斯了解那種秩序可以在無人負責的情況下出現，並且執行上述命令，而這單純是從大家彼此買賣而來。你可以有個組織井然有序、但卻沒有組織者的系統。是什麼將這個系統結合在一起？是什麼建立了這個分工合作的網路，讓所有不同的人齊聚一堂、共同打造了我手中的這枝鉛筆？妳叫什麼名字？」

「艾咪。我可以問一個問題嗎？」

「當然。」

「妳說無人負責，可是妳提的那家鉛筆工廠是有老闆的。那裡的工人不光只是到工廠上班、做著份內工作，然後就噹啷！冒出一枝鉛筆了！還是有人負責訂購木頭、鋁、橡膠，雇用工人，監督工人，決定支付他們工資，有時還會裁員。有人則決定是否該買石墨或是在工廠製造。它並非眞正自動自發完成的。還是有人在負責的。」

「那是個想像。」

「妳指的是什麼？」艾咪問。「是說那些人在組織中有許多自主權？」

「哦，那也是當然的，」露絲回答。「但我指的是更爲複雜的層面。我的意思是說，『有位老闆在負責』這樣的說法只是一種想像。看起來像是老闆決定該雇用誰、該叫人走路、該支付工人多少工資、是否該擁有一家西洋杉農場或是向另一家公司購買西洋杉。這位老闆甚至不用決定這枝鉛筆的定價。」

「但是，這些若非由老闆作出的決定，那麼究竟是誰呢？」艾咪問。

「沒有人。」露絲停頓了一會、沒再繼續往下說，讓全班陷入沉思。教室突然變得非常安靜。露絲自忖，我愛教書也愛經濟學。「了解那些事情如何可能成眞，正是我們要花上這季剩下時間所要了解的內容，」她說。「同時，還有作業！」她在教室前方踱步。「下堂課，想想這個世界上，在我們周遭，有什麼是自我組織性的東西。找找看哪些東西即使在無人負責的情況下，依然展現了秩序或目的。找找看。它們無所不在。」

3 物以類聚

荷西．費南德茲站在本壘上，倒下時正在示範揮出遙遠的一擊。小小的體育場頓時鴉雀無聲。他們緊急將他送往最近的醫院，然而已回天乏術。他的死訊在島上舉國同哀。大家都認為，他多年來打球打得太辛苦了，心臟顯然負荷不了。他的妻子希莉亞則聽到傳言，說是救護車送錯醫院，而那家醫院缺乏適當的醫療設備，但是又該如何？

卡斯楚出席了荷西的葬禮，傷心落淚、追念悼文多日不絕。及至葬禮結束，過了一星期、接著又過了一個月，一切卻截然不同。慢慢地，希莉亞習以為常的特殊禮遇消失殆盡。她得搬出去。她得辭去工作，然而新工作的待遇卻不盡理想。她想到未來，發現若兒子也遺傳了一丁點父親的天賦，那麼將來也可為卡斯楚效一臂之力。雷蒙會離開她，被送到體育學院。他會獲得最好的指導。不管他喜不喜歡，都會成為像他父親一樣的棒球選手。她的付出將會獲得報償。她將重享房子和工作以及所有榮華富貴。她曾有的生活將再度重現。但那些就是一個男孩的可用之處嗎？她哥哥愛德華認識有艘船的男人。他們於是謀定計畫。

婦人和男孩離開古巴時，卡斯楚召喚體育部長，要他將荷西・費南德茲所有過往的輝煌紀錄一筆勾銷。他們拆下所有的獎章，銷毀他出生小鎮廣場上的雕像。永遠刪除他的存在。

雷蒙週日中午和「狂風暴雨」及他的一些朋友碰了面，一道在校外帕羅奧圖（Palo Alto）的一家泰式餐廳吃飯。柏克萊的學生人人皆識「狂風暴雨」，但沒人清楚他究竟年近三十還是五十。有人說他父母是六〇年代的激進黑人，曾參與激進派黑人運動團體黑豹（Panthers）許多重要活動，關係密切，也曾經吃過牢飯。還有人說「狂風暴雨」故意編造那些事蹟，其實他本人不過是個社會系研究所的長期研究生，只是眷戀往日的美好時光而已。不過，無人能否認的是他對於抗議美學的迷戀，並且醉心把街頭劇場做爲政治藝術的表演舞台。當財大氣粗的官僚聚集討論世貿組織或貿易政策或是援助開發中國家，總能見到「狂風暴雨」的身影。他到過西雅圖、華盛頓、日內瓦和多哈。他有與生俱來的組織天賦，並且吸引了一大群志同道合的朋友，電郵名單尤其驚人。

其實沒有人眞正清楚，「狂風暴雨」究竟是不是他的本名，六〇年代是否眞有受到他父母或自覺性的啓發，但顯然，在他生命中的此刻階段，他的名字可謂充滿諷刺，因爲他的體重一點也不驚人，反而更像竹竿。他足足有一八三公分高，但卻不到七十五公斤。除了熱衷示威和街頭抗議，他還沉迷單車和健身。他有著馬拉松選手瘦骨嶙峋的魁梧體格。他沒車、也不會開車，當然更沒有駕照。他覺得從柏克萊騎單車到帕羅奧圖吃頓午餐根本沒什麼。事實上，他可是樂在其中。

「狂風暴雨」聽說了大盒子在地震當晚漲價的事。有人告訴他，那晚雷蒙・費南德茲成了現場的矚目焦點。「狂風暴雨」則想，以他們兩人的群眾魅力是否有點作用。「狂風暴雨」不斷尋找重擊企業壓制的機會，他立即看出利用雷蒙・費南德茲高知名度的價值。

他們午餐的前半場一直在爭辯，是否該舉行抗議活動。雷蒙想在大盒子教育行政中心舉行，那是史丹福商學院的一部分，座落在校園附近、有著西洋杉和精緻玻璃門窗圍繞的山丘上。「狂風暴雨」的一位同黨則想在柏克萊舉行，因為那裡會聚集當地民眾和一大群充滿同情心的學生，可以靠他們煽動群眾。一群人就這樣花了一個小時以上，為每處地點的優勢利弊爭辯。

終於，多數意見指向史丹福。因為大盒子的目標夠明顯，可輕易說動柏克萊學生越過灣區來參加。唯一擔心的是，史丹福行政人員可能會全面封鎖，或將抗議者侷限在校園一角，限制其影響力，使其產生較少的電視效果或較少煽動他人效法的結果。最後，大盒子會因眼見其在史丹福校園的投資竟變成公共災難而不悅。大盒子進而會向校方行政人員施壓，阻止抗議活動或起碼將其影響降至最低。他們一群人決定冒險一搏——選擇史丹福，但將抗議行動計畫盡量保持低調，而且愈久愈好，以減少校方行政人員回應處理的時間。

「狂風暴雨」爭論著校園中大盒子大樓的地點——遠離校園中心——正好是抗議活動的絕佳機會、而非困擾。他們可聚集在紀念堂外的噴水池前。接著遊行至大盒子大樓，並於當地舉行時事研討會。「狂風暴雨」愛極了遊行。這始終是讓人血脈賁張、熱血沸騰的好方法。在大盒子大樓前，他們可發表演講，並提出大盒子售價調整的要求——最後終結企業壓制、向顧客退款、給員工較高工資，以及更多敏感的企業精神等等。

遊行要萬事俱備得花點工夫。他們需要標誌、旗幟和標語。他們得製作標誌和旗幟，讓它們看起來像自製品，卻仍能在鏡頭前展現可讀性，因爲屆時鐵定會有媒體前來報導。「狂風暴雨」會透過他的電子郵件網路將內容發送出去。這些內容對於討論解構、西方價值、父權和母權結構，以及束縛的對稱與不對稱等多有著墨。但從午餐到晚餐前的討論中，他們卻有了更重要的決定。雷蒙將是主講人，而非外來居民或名聲響亮的活動份子。隨後，他們敲定了抗議活動的日期，並且著手編排其他演說者名單。

聚會幾乎快到下午四點才結束。雷蒙去了艾咪的住處，接著兩人一起到一處屏障海灣的自然保護區灣地（Baylands），就在安巴卡德羅（Embarcadero）盡頭。在公園近入口處有一片池塘。艾咪和雷蒙就坐在池畔的長椅上聊天。周遭還有小朋友和家長餵著池裡的鴨子及其他前來戲水的鳥類。

艾咪告訴雷蒙那天下午稍早的經濟學課。她的作業是從周遭世界中找尋勾勒出秩序、但卻非精緻設計的事物。她告訴雷蒙那堂課的情形和作業內容時，注意到了鴨子。她看到小孩的喜悅神情，突然靈光一現。但即使她常和雷蒙到這裡放鬆休息，她卻看不出鴨子、小孩，以及兩者和諧互動背後所隱藏的秩序。

不知為何，池裡總有一大群鴨子讓小孩開心不已，但數量不是太多。沒有人送灣區的鴨群紙條，這週請誰、下週又是誰；也沒有組織監視著鴨群何時抵達和離開，並指派適當數量的鴨群來到這個小池塘。灣區有數以千計的鴨子，更有數千平方公里的地方選擇，但卻剛好是恰當數量的鴨子——既非半隻也無、也非好幾千隻，就剛好是幾十隻——每日不斷出現。

從來沒有人對小孩的人數符合鴨群數量而感到驚奇。它其實並不完美。有時來玩的小孩較少。有時，則有太多鴨子在水中嘻鬧、爭奪食物，小孩也不像平常那樣開心。但在毫無安排或籌劃者的情況下，這樣的結果卻相當良好。只是艾咪把心思全放在雷蒙身上，以致沒有注意她周遭運作的隱藏秩序。

就在雷蒙和艾咪坐著聊天的長椅約六公尺處，相對於小孩和鴨群的快樂互動，只見有堆螞蟻也忙得不亦樂乎。蟻群成扇形展開，尋找鴨群不會注意的細小麵包屑。但蟻群覓食並非雜亂無章、漫無目的。一旦有隻螞蟻發現一些麵包屑並返回蟻群中，牠就會沿途留下外激素，讓其他螞蟻可依循相同路徑尋找。因此螞蟻行動敏捷，送出更多螞蟻到有更多麵包屑的地點。可是卻沒有一隻個別的螞蟻、甚至沒有蟻后，知道這個訊息。艾咪看不出蟻群的組織全貌。

在池塘表面則是肉眼幾乎難以辨識的浮游藻類，它們的總數隨著混亂的氣溫與風浪而波動起伏。一場暴風雨就足以淹沒池塘，讓小孩好多天敬而遠之，同時殺光所有螞蟻，但卻因而帶給池塘裡的生物各種滋養物。鴨子、螞蟻、浮游藻類、魚蝦、鳥類以及其他生物，對於混亂的力量，皆致力以秩序運作，集體打造出一個生命網。此生命網將鴨子與蝦子連結，又自蝦子連結浮游生物，再自浮游生物連結飄浮在池塘表面、無依無靠的浮游藻類。小孩則於池畔再為這個複雜的生命網添上一筆。

愛咪完全沒想到這些。她正向雷蒙敘述高中時從經濟學家海耶克（Hayek）學到的內容。海耶克對於自發性秩序（spontaneous order）很感興趣，這種秩序是從浩繁複雜、未經計畫的個體商業互動中突然湧現。雷蒙正聽著，心裡同時也想著艾咪，此刻她的金髮在夕陽餘暉中閃閃發亮，神采極其動人。

微風吹皺了池面。雷蒙和艾咪說著話、看著她的頭髮，體溫卻微微發熱。雷蒙即便克制自己不去注意也不行，要是有支體溫計，一定會如實顯示他比初到時微熱的體溫。雷蒙整個人在夜晚的空氣中散發了多餘的熱量，身體算是回應了微升的溫度。

艾咪和雷蒙自長椅上起身，走到自然保護區的入口處。觀鳥者已經帶著雙筒望遠鏡和三腳架離開了，不過雷蒙和艾咪並未察覺。雷蒙和愛咪穿過自然保護區中心，沿著一條長長的木板步道，往前行至海灣邊緣的濕地。他們慢慢穿越濕地，燕子從他們身旁輕快飛過。在木板步道盡頭則有個小小的觀景台，供人或坐或站觀賞濱鳥，牠們在環繞海灣的濕地淺水中時而低空飛掠或高空盤旋，似乎無所不在。

艾咪聊著海耶克和秩序如何在無人負責的情況下出現的矛盾之處。但她內心深處想的卻是她和雷蒙的未來，如果兩人能安然度過學校畢業前的生活，則可望再攜手邁向下個五年或十年的歲月。

艾咪與雷蒙分享一個她高中上課時記得的例子。在咖啡館一角總是有足夠的貝果供應，即使你在最後一刻打算來份早午餐，也無需事先打電話預訂，這一切都是在毫無貝果大王統治下進行的。雷蒙問她，那可否做爲她作業規定的佳例。不行，她回答。那個例子太類似露絲在課堂上所舉的鉛筆例子了——你到校園書店時，爲何總能買到足夠數量的鉛筆。雷蒙遂問艾咪，從生物學的觀點思考是否會有點助益。以身體爲例，一定也有很多自發性組織的系統讓身體運作。是啊，艾咪說，細胞、血液循環、心臟。

起先，艾咪並未注意到浮在濕地上的小水窪。雷蒙也沒看見。他們眼中只有彼此。但突然，就在兩人聊天之際，背後有對大翼急速飛掠而過。他們抬頭只見一隻老鷹在濕地上方低空盤旋，正尋覓隱於茂密濕地草叢中的鳥巢以便迅速掠食。然而濕地裡的鳥群早就在水面上各自飛散，隱身於草地裡了——瞇鷸、反嘴鷸和黑頸長腳鷸——牠們很早便警覺空中掠影的威脅。這些鳥類以緩慢的步調成長，挪動一步顯然常要花上好些時間，有時你甚至會好奇，牠們究竟是否仍然活著。然而，牠們對於陰影的反應卻是如此敏捷，彷彿有人敲響了警鐘，警告所有成員迅速就位，奮力一搏。於是，一群飛鳥大隊瞬間成形。眾鳥飛起、動作整齊劃一，朝向老鷹飛去，進行牠們自己才懂的疆界防禦之戰。這群鳥類時而在空中盤旋、時而加速衝向老鷹。老鷹則以俯衝之姿打算自在盤旋，但以較小鳥類聚集而成的鳥群卻在老鷹身後猛衝，有如一隻身負重任的大鵬，企圖捉住老鷹或者起碼將其驅逐出境。正當海鳥在老鷹身後群起飛舞、四處移動時，雷蒙微笑凝視，然後露出滿意的笑容，並轉向艾咪，指著那群時起時落追逐老鷹的鳥群。在金黃色的落日餘暉下，塍鷸的赭紅色翅膀閃閃發光。

艾咪隨著雷蒙的手勢望去。此時，雷蒙・費南德茲實在無法保持冷靜。艾咪的體溫也在最後幾分鐘內緩緩升高。她無需特別費力，兩頰即泛起輕微紅暈，極貼近膚色，明眸之下則形成完美的弧形。她的上唇濕潤，在金色陽光照映下竟顯得璀璨耀眼。老鷹持續盤旋飛翔，海鳥回歸平淡生活，雷蒙的目光則停留在艾咪臉上。究竟是她臉上色彩的變化，抑或濕潤的上唇或是其他原因——雷蒙無法解釋，只能說像是海鳥保衛幼雛的衝動——雷蒙將艾咪擁入懷中吻了她。

太陽下山了。艾咪和雷蒙到帕羅奧圖市和山景城（Mountain View）交界的一間古巴小店提多餐廳吃飯。店內既無哈瓦那、亦無海明威的照片，也沒有所謂的氣氛。那裡只有灣區最美味的黑豆。雷蒙和艾咪換下平日的毛衣、T恤，盛裝前往。雷蒙還加了件外套。艾咪則身穿緊身無袖寬圓領衫搭飄逸長裙。

餐後，他們往北駛向舊金山，找了家濱海的俱樂部。那不是濱海一帶最棒或最炫的，也不是那種會吸引遊客前來、彷彿是漁夫經常駐足的碼頭地區。艾咪和雷蒙光臨的俱樂部風格較爲粗獷，聚集了眞正從事漁業、經過整天風吹日曬雨淋的體力操勞後，到那裡吃喝一頓、聽聽音樂的客人。斑駁的牆壁應該上點漆的，而廁所也只是配備基本設施而已。整間酒館唯一的裝飾，即是一個老舊的Cervesa Cristal啤酒霓虹標誌。不過重點在於音樂，以及可持續到凌晨一、兩點的舞池，平日亦然。

雷蒙和艾咪今晚照理該念書的，但是騷莎（salsa）和曼波的浪漫氣息卻將他們引至北方。五位音樂家擠在俱樂部一角，那個狹小又不舒適、實在無法稱之爲舞台的台子上。這些年紀較大的男人，演奏著懷舊金曲以吸引年長族群，因此艾咪和雷蒙的存在顯得特別突出。雷蒙戴著一頂在車庫拍賣時買到的淺頂軟呢男帽，此時他低下頭，以免引人注意。如此一來，就只剩艾咪一人格外搶眼。艾咪是金髮，約有一八〇公分高，當他們在舞池中翩然起舞時，很難不成爲焦點。

雷蒙的血液裡流著聞樂起舞的基因。他的身體毫不費力地隨著韻律擺動，就像小孩回應母親的微笑般自然。艾咪則是後天培養的嗜好，但亦十分出色。雷蒙和艾咪兩人的舞藝原本已臻至完美，共舞後的表現更是精湛絕倫。

舞池燈光變暗，即使那些認得雷蒙的人也退場留下他一人，細細品味靜謐空間。隨著音樂舞動宛如遺忘與記憶交織而成的鼓舞，讓他忘卻球場及課業的壓力，同時想起與母親在邁阿密小小的廚房裡準備晚餐的情景，那時總是開著音樂，母親會獨自哼哼唱唱。當時還存有一些幻想，想像著父母在古巴隨著老舊曲調起舞。雷蒙閉上眼睛，耳邊的音樂融合了海濱情調，帶他穿越國度、跨越海洋，來到他誕生的島國。

對艾咪而言，這是貼近雷蒙另一面的機會。她平常只能從會話和雷蒙的照片中略知一二。她知道雷蒙當年幼時在母親的果敢決斷下，橫渡大海的旅程。她也看過雷蒙約五歲時拍的照片，背景好像是哈瓦那街頭，他戴著牛仔帽，面露微笑。而他父親的照片，彼時大概也只比他現在大一些，則穿著棒球服，肩上架著球棒，好像那裡有個特別的凹槽爲它而設，無論走到何處皆不離身。她還看過雷蒙父母漫遊哈瓦那著名Malecon濱海大道的照片。

但除此之外，還有更多的訊息嗎？除非艾咪堅持追問，否則雷蒙並不願深入多談有關古巴的種種。而且她其實也很少逼他說這些往事。她知道他並未回去過。雷蒙的母親也沒回去過，她還發誓，除非卡斯楚走了，否則再也不回去。雷蒙也有類似的誓言嗎？她不曉得。她只知道最起碼現在，無論是基於對母親的敬重或是個人的理由，他並無任何返國計畫。她只清楚像這樣的夜晚氛圍，多少把他和年少時光、父親，以及古巴生活一一連結。

他的古巴過往對他而言有何意義？看著雷蒙在微光中的臉，艾咪依稀感覺到，像今天這樣的夜晚，並不難從中一探其箇中奧祕。雷蒙在舞池中與他人隨著音樂熱情搖擺、暢快淋漓，這些舞客都可能是雷蒙的叔伯阿姨，他們以誇張的手勢盡情歡呼，腦中充滿至高無上的自尊與榮耀，彼此感到內在鼓動著相同的音樂節奏。

今晚，他們兩人在音樂中脫逃。雷蒙忘了「狂風暴雨」、溫布敦、功課，以及畢業後未知的人生。繚繞在耳際的音樂有如潺潺河流，他無需費力即可順著河水游向大海。

艾咪則比以往更加渴望在吉他與鼓聲的韻律中忘卻自我。她不停想著雷蒙打算投入的抗議活動。他是不是涉入太深？她還看不出來，但她太了解政治與人性，知道雷蒙有可能因此提高或者重創他將來的形象與事業。因爲她實在找不出相信「狂風暴雨」的理由。她擔心這個選擇對雷蒙或者對任何人來說都是錯誤的決定。

「怎麼啦？」歌曲近尾聲時雷蒙問道。「妳看起來心不在焉。」

「沒有啊，我很投入。」她回答。

她將自己拉回音樂中，及時配合永無止盡的鼓聲韻律擺動，與雷蒙的舞步完美結合。她的裙角飛揚，宛如翩翩飛舞的他身旁的一朵白玫瑰。

4 難以置信

雷蒙和母親希莉亞在邁阿密早年的生活竭盡所能過到最好。起先，他們在一位表哥家客廳的地板上打地鋪。一年之內，這個身兼兩份工作的女人，就存夠了可以自付公寓房租的費用。而這男孩是她唯一的兒子，因此她將工作以外的時間全數投注在他身上，悉心栽培他。後來她辭去了第二份工作，好挪出更多時間專心照顧他。為打平收支，她在二手店購物，找出豆類和米飯的新烹調方法。她學英文，好念書給兒子聽；她學英文，好指導他的功課；她學英文，好認為自己是美國人。但夜深人靜時，她則告訴他父親的一生，並唱著古巴搖籃曲哄他入睡。

艾咪在露絲下一堂課中，述說著她如何在濕地旁看見一群鳥追逐老鷹的情景。「牠們急速移動、漫天飛翔，好像經過程式設計一樣。這群鳥類無人主導，但生活卻自成一格。一陣風吹來，老鷹展翅，可是，不知爲何，這群鳥仍齊聚一堂。就好像，」艾咪遲疑了一會，試著找出適當的用詞，「就好像一群受到木偶大師操控的木偶，他的目的就是讓這些鳥共同飛翔。」

「一群鳥共同飛翔，」露絲說，「是一種秩序，和一群鳥四處亂飛恰好相反。但妳看看這個出現的秩序其眞正神奇之處——有些事情發生了，但並非參與者的意圖。妳昨晚看到的那群鳥，牠們的出現其實有個目的——」

「就是擺脫老鷹。」艾咪接下去說完。「把牠趕走。但鳥群中大部分的鳥可能只想彼此緊貼而不相撞。牠們照著簡單規則飛行的同時，也達到了比並行飛行更遠大的目標。」

「很好的例子，」露絲說。「就像魚群，或是被獅子追逐的一群野獸，而且和鉛筆軍隊一樣。斯里蘭卡的石墨礦工不會了解他正與加州的西洋杉農夫合作，以滿足緬因州的鉛筆顧客。但他們協力合作的模式正如這群鳥，而他們對於外界各種影響力量的反應模式亦如這群鳥。他們也達成了當初未出自任何一人意圖的目標。一切始於專門化。沒有人可以製造一枝鉛筆。你必須知道，製造一枝鉛筆的全部過程散布在世界各個角落。大家分門別類，專注小部分工作，而非掌管每一件事。這樣很好。爲什麼？」

「你可以在工作上精益求精。」艾咪回答。

「沒錯。藉由專門化（specialization），你會獲得手邊工作的知識——如何開採石墨，如何煉取鉛，如何栽種西洋杉。藉由分散這些工作，讓最有效率的人從事眾多工作的其中一環，獲得他們所需的知識，執行他們的工作。目前爲止還不錯。這就是專門化的優勢。但其實還有更龐大的不便。」

「日復一日做著同樣的工作使人厭煩。」喬許說。

「沒錯。特別是從事專門化生產線工作的人，這點更爲眞確。然而幸好，這些時日，從事生產線的工人愈來愈少了。因爲我們找到機器人和機器，以替代大部分重複性質的工作。不，眞正分派任務的問題是，你得分派每位參與者擁有的知識。」

「爲什麼那是一個問題？」喬許問。

「有時你會希望那些知識能結合一些當下趨勢而加以組織。」

「那難道不就是鉛筆工廠存在的目的嗎？」喬許問。「知識聚集者？鉛筆工廠指定各種專業領域的供應商，再將所有知識都放進完工的鉛筆中，不是嗎？」

「是的，」露絲回答。「而且做法漂亮極了。但那些我們稱之為『專門化』或『know-how』的知識，僅是由於專門化而獲得的一部分知識，然後再統整組成具有意義的東西。想像一下，若生活是穩定不變的，大家每年都想要相同數量的鉛筆，而且若西洋杉和石墨只用來製成鉛筆。那麼每年，每家供應商只要生產相同的總量，技術自然就會愈發爐火純青。可是生活並非穩定不變。大家想要的鉛筆數量每年都不同。而石墨也不只是用於鉛筆。」

「為什麼那些如此重要？」喬許問。

「假設汽車製造商發現，石墨可用於煞車墊片，讓煞車性能更良好。突然間，他們就會想買一大堆石墨。但目前所有石墨生產都已被開發使用了，手邊並無足夠的石墨量供應。接下來該怎麼辦？我們接下來會看到什麼情況？石墨供應商應該再找更多的石墨以滿足汽車製造商的需求嗎？還是其他的石墨買家——鉛筆製造商、網球拍製造商、釣魚竿製造商等等——該削減一些購買數量，好釋出足夠的石墨給汽車製造商？或者汽車製造商應該向現實妥協，使用比需求較少的數量？」

「難道沒有更好的處理方法嗎？」安潔雅問，「若是有人負責回答那些問題呢？為何不充分利用人類的能力來溝通呢？」

「妳認爲鳥若能溝通，並且其中有一隻鳥負責統籌，那麼一群鳥就會表現得更好嗎？」

「當然，」安潔雅說。「看看藍天使特技飛行小組就知道。他們是一群溝通無礙的飛鳥。五架飛機在空中的精湛演出，完美合而爲一。但是鳥類卻無法這樣管理，因爲總是會有脫隊者。」

「沒錯，鳥類無法像藍天使般如此有效率、整齊劃一地共同飛行。但藍天使所有的高速飛行與空中翻轉都是事先計畫好的。他們一而再、再而三地依照計畫反覆演練，直到達成標準爲止。想像一下藍天使攻擊一架更爲快速且強勁的敵機，亦即攻擊一架擁有老鷹般能巧妙應付突發狀況能力的飛機。你認爲藍天使可以合而爲一地快速猛撲、精確行動嗎？」

「不可能。他們會相互撞擊然後起火。」

「一片混亂。但是藍天使可以溝通。他們有語言，有無線電波。只是那還不夠。鳥類一無所有，但卻有直覺。牠們仍可聚集在一起。」

「眞是令人困惑。因爲你會認爲，有個人負責糾正錯誤會比較好。」

艾咪思緒又回到上週與雷蒙出遊的那晚——那些舞者和舞伴們翩然起舞，有如一體，女子隨男子的舞步移動，但彼此又即興自成一格，而且無人掌控每對舞伴在舞池中的舞步。即使是由男子帶舞，你在兩三秒內也無法得知他下一步的位置，然而，不知為何，卻沒有一對舞伴因此而互撞。那裡有某種程度的秩序存在，就像鳥群計畫並行飛行卻不會相互撞擊一樣。舞池中的步伐亦自行管理，這些你可稱為序中有亂或是亂中有序。但是，有人從受控的放任景象中獲得什麼好處嗎？或許是樂隊成員，他們看著這些舞者忽前忽後、翩翩起舞，彼此則保持清晰的舞步。千變萬化的色彩和動作必須燃起他們玩耍的熱情，而這對舞者也有某些意義存在。舞池的混亂建立了某種氛圍，這是藉由事先給予每對舞者清楚的舞步或標示的舞池空間所無法比擬的。

露絲的聲音將艾咪拉回現實。

「你會想找個人負責，以超越鳥群即興突發的飛翔姿態，但只有『某人』可以掌握每隻鳥擁有的一切知識，找到流通其資訊的方法，並根據資訊做出計畫，將此計畫迅速與所有參與者溝通，如此他們才能在某些事情產生變化前、著手從事所分派的任務。沒有那樣的知識與幾近即時的溝通方式，這群鳥就會分崩離析。這群鳥比鳥中最聰明的鳥還要睿智，因為牠們找到了簡單的方法在鳥群中使用資訊，甚至當每隻鳥獨自飛翔、並無正式的溝通管道時亦然。這和蟻群是一樣的——看來就像有隻蟻后或某些人或事在掌控一切。螞蟻一旦發現新的食物來源，就會有更多的螞蟻朝那個方向前去。若有人踩到蟻丘，則會有數以百計的螞蟻著手修復破壞部分。這一切是如何發生的？你曉得，蟻后並不會利用手機向同胞發號施令。那麼，究竟是如何發生的？必定有某種簡單的反饋系統，傳送訊息給螞蟻，讓牠們改變行爲。」

「爲什麼那必須是簡單的？」喬許問。

「因爲螞蟻的頭腦非常非常非常小。整件事都得靠直覺驅動，這個奇妙的字眼意味著，我們無法正確得知所發生的事。螞蟻用牠們吐出的化學成分外激素留下訊息。這種外激素建立了知識網，讓蟻群可回應危機或機會。蟻群很聰明，雖然每隻螞蟻對這幅全景渾然不覺。同樣的事情也會發生在石墨不足的情況下。」

「但我們可以利用電腦和其他螞蟻沒有的技術，」喬許說。「我們可以溝通。」

「沒錯，但就算是最大最快的電腦，也無法幫你解決這個問題。喬許，假設你是石墨大王好了。你得決定，當汽車製造商突然開始採用石墨，同時你手邊並無足夠的存量時，該如何交出石墨。想像一下，你召喚所有使用石墨的人，將他們聚集在一個巨大的房間裡。有汽車製造商、網球拍製造商和鉛筆製造商。有擔心下雨時煞車功能是否良好的駕駛。有世界級的網球選手和業餘好手。有憂心鉛筆供應數量的藝術家和小學一年級學生。有石墨採礦工人和靠近礦區的人。上述所有的人和我未提及的幾百萬人，都有著利害關係，究竟是誰可將石墨拿到手？但他們同樣也擁有淵博的知識，亦即我們會樂於見到石墨大王（那就是你！當你決定處理石墨短缺最好的方法時）採用的知識。石墨採礦工人有開採更多石墨的最佳方法，以及那些額外生產所衍生的費用概念。網球拍製造商知道，與木製球拍相較，石墨製成的網球拍有多搶手。鉛筆製造商則清楚，是否能在石墨中混入更多泥巴，好讓鉛筆更經用。因此，在專門化與知識之間還有其他的連結。開採石墨的人不僅明白如何開採石墨，同樣知道在必要之時，如何迅速取得更多的石墨。網球拍製造商、鉛筆製造商和汽車製造商也不僅知道如何製造他們的產品，他們還知道當情況改變時，如何以不同的方法製造。另外，還有使用者的問題。有些人用原子筆和鉛筆一樣滿意。但有位藝術家今天則想要二十枝不同種類的鉛筆。還有，大家今年可能突然熱衷網球運動。或許網球拍製造商想因此擴產。所以有些石墨使用者或許根本不該削減，他們都應該增加使用量。即使有世界最大、運算最快速的電腦，也無法幫你處理所有受到石墨短缺影響的人，他們各自心中的資訊。」

「爲什麼不行？」喬許問。

「主要是因為，答案並不在書裡或維基百科。答案既非存於試算表中，亦不在經過操作處理的資料裡。它們就是經濟學家海耶克所稱的『特定時間和地點的知識』（particular circumstances of time and place），我們可能稱之為巧妙深奧的知識：如何迅速製造更多石墨，或是該自何處調派更多卡車，以便石墨開採公司得以運送石墨等。問題的答案並非一個數字、甚至一個場所足以代表。它在今天的情形可能就和上個月不同。而有些知識，則在應付汽車製造商增加的需求過程中產生。必要時你得看清現狀。因此，那樣的知識無法儲存。」

露絲讓大家思考一下「無法被儲存的知識」這個想法。接著她繼續表示。

「即使你可以採訪所有鉛筆、網球拍和石墨公司的買家和賣家，而他們也照實回答，你還是得衡量他們的競爭欲求——只有六枝鉛筆取代原本的一打所衍生的不滿，是否比新的網球熱愛者拿到石墨材質網球拍後的快樂來得重要？——而等到你終於了解如何處理稀少的石墨，以及應該額外生產多少石墨後，世上有些事情也同時改變了，讓你的計畫淘汰過時——例如某處石墨礦坑崩塌了，或者有好幾億中國人從鄉下湧入城市，首次將小孩送進小學，因而需要鉛筆。」

「看得出來這種情況很無助，」喬許說。「它無法解決。」

「它是無法解決，但它還是會解決，」露絲說。「眞是困惑，不是嗎？沒有人回答那些問題，但他們都得到答案。有好幾億中國人從鄉下湧向城市，他們會使用更多鉛筆。然而，你會注意過會發生這種情形嗎？你到書店買鉛筆，結果店員告訴你：抱歉，所有鉛筆都運到中國去了。或者汽車製造商的確在煞車墊中加入石墨，結果你想買個網球拍，卻由於汽車製造商開始使用石墨而買不到？」

「不會。」喬許說。

「那麼，在無人負責的情況下，秩序如何維持？在人類歷史中最偉大的遷徙活動，亦即中國人從農村湧向城市的移動，何以如此安靜？爲什麼我們沒有注意到？那裡應該會有很多空架子。終究，沒有石墨大王。沒有鉛筆大王。也沒有單車大王，確認中國人搬到城市後沒有買下全世界的單車。全都沒有人負責。」

露絲看看全班。學生靜待她解釋。

「價格，」露絲繼續說著。「價格才是關鍵。簡單的答案就是，汽車製造商對石墨的需求激增，則石墨價格就會上漲，並鼓勵其他石墨使用者削減用量。那並非只是每人得削減二五％的決定。價格增加，會鼓勵一些使用者完全停止使用石墨，同時找一些幾乎等同的良好替代物。有些使用者會發現減少使用的方法。而有些人，由於其他事情亦伴隨發生，故實際上反而會用更多的石墨。就拿網球熱或中國人遷徙到城市來比喻好了。較高價格的石墨激勵了石墨開採公司尋找新源頭，而這些源頭是石墨價格較低時不值得採求的。但情況確實要比這更好。如果石墨開採工人可以輕易發現新的供應源頭，那麼價格就不會上漲太多，因此所有既存的使用者都不會削減太多用量。但若既有的石墨使用者確實很難找到替代品，那麼石墨就會變得更貴，甚至更加激勵供應商，同時刺激汽車製造商，看他們是否能接受比原本需求還少的量。那些是你有石墨大王的情況下確實希望發生的事，這個石墨大王擁有所有你想像得到的知識。但石墨大王絕不可能讓它們發生！沒有這個人存在，又怎麼可能會發生？」

這是一個修辭問題。露絲把問題拋出去。

「價格在經濟上操縱著資源，」露絲繼續表示，「鼓勵生產商和消費者以不同以往的合理方式因應改變。價格漲跌時，它是以一種不可能由上下達指令的方式協助買賣雙方協調行動。價格變化造成買賣雙方採取涵蓋所有經濟領域、但卻無人知曉的知識作出決策。讓我們來看一下結果。沒有人爲了石墨大打出手。每個人和諧共處。價格亦即我們所稱的經濟體（economy），相當於蟻群的外激素。訊息將所有事情聚集在一起，有如無形的手部肌腱。而價格所臻至的和諧與絕對協調的境界是難以置信的。令人難以置信！」

「那麼石墨供應商會訂出價格，以確保足夠的貨源供應。」安潔雅說。

「不，那是最瘋狂的事，」露絲說。「石墨供應商會想辦法大撈一筆。他們沒有制定價格以確保有足夠貨源供應所需的知識。沒有人具備那樣的知識。」

「那問題該如何解決呢？」安潔雅問。「妳告訴我們，價格所使用的知識，是妳想採用、以確保一切按照常軌進行的知識。但顯然，是石墨供應商制定了價格。若價格照妳所說的方式運作，那麼石墨供應商一定會讓它發生的。不是嗎？」

露絲一面整理思緒，同時讓沉靜的片刻蔓延。全班屏息以待。露絲讓這份靜默張力又拉長了一陣子，好讓學生知道接下來是截然不同的局面。

「假設今天室外很冷，低於冰點，而你的公寓溫暖且舒適。接著你發現屋裡愈來愈暖和。你會有什麼結論？」

「我的室友可能開了暖氣。」艾力克說。

「沒錯。理所當然的做法。有人調整了暖氣裝置。有人想要改變溫度，而那個『某人』也確實有所行動。人類設計是跟著人類的行爲而來。想清楚該如何讓環境恢復較舒適的溫度，則是想當然爾的思維。你又會怎麼做？」

「把暖氣溫度調低一點。」艾力克回答。

「沒錯，」露絲說。「現在，假設你出去散步，外面開始下雨。是誰決定它應該下雨？你可能會說，大自然。或是老天爺。但卻沒有一個人讓雨開始落下。如果你離家很遠，或是雨下得很大，你可能會後悔出門時忘記帶把傘或是穿上雨衣。但你不會埋怨你的室友或其他人。沒有人控制現在是否正在下雨。下雨是自然現象。或者，假設你穿著厚毛衣在大熱天跑上五公里，你會流汗。在這種情況下，流不流汗並非受你控制。它存於此系統中。」

露絲停頓了一會，看著全班。她觀察到，學生急切想找出這件事與石墨價格或甚至只是經濟學之間的關係。

「生活中有些事情，」露絲繼續說道，「是人類行爲、計畫、設計或者意圖下的產物。其他所經歷之事則與人類行爲、設計或計畫無關。它們存於老天爺或僅爲大自然一部分的世界結構中，顯然並非人類行爲的一部分。這很容易將我們所處的世界分成兩種秩序：人爲與自然。但其中還是有混合的類別。周遭世界中有些事物是按照人類行爲、但卻不含人類意圖而衍生的結果。顯而易見的例子就是語言。語言是活的。是誰決定可以說些例如『我下回上線時要google她。』？·是誰把『google』這個字變成了動詞？·或者像『xerox』這個字。全錄（Xerox）這家公司一心想阻止大家把『xerox』做爲動詞使用。但他們阻止的層面遠不及法國政府。法國政府可以阻止法國人在提及週六和週日時，不說『La Weekend』，而是說政府認可的『fin de semaine』。是誰決定你可以說『can't』來取代『cannot』？·」

「我猜沒有人決定。」艾咪說。

「完全正確。但是語言並非天賜之財，甚至雨也不是。它並非從高處遞減。它不是自然世界中的事物，顯然是人類行爲的結果，但它卻非人類設計的產物。沒有人計畫英語或有意採用特殊的英語形式，就像有人打算調整室內溫度的做法一樣。因爲沒有數字可以隨意轉動。人們只是嘗試。所謂語言專家或權威企圖影響人類說話的方式，但卻無專家、亦無委員會決定人類如何說話。我們說話的方式，是從和別人眾多的會話中衍生而來。語言是有機體，儘管它不是從土裡冒出來的。它是活生生的，逐步成形。有些單字會大受歡迎，有些則不。但語言並非亂數。它會出現的內容視用途而存在，而不再有用的單字則成了死語。現在幾乎很少人會說behoove以表示『適合』、『有必要』了。或是用eleemosynary形容『慈善』、『救濟』。這些單字正邁向死亡。沒有人把它們殺死，而是『我們』殺死了它們，即使句型看來似乎是我們做了決策，但它並非受到決定。動詞『受到決定』（decided）隱含了意圖及努力。」

露絲到此停了下來，讓學生吸收這些課程內容後才繼續上課。她說的話是有道理，不過他們都等著看她打算如何將全部內容整合在一起。

「假設現在是週六黃昏，」露絲繼續說著，「下午五、六點鐘，你想開車進城吃晚餐。要花多少時間？」

「也許四十五分鐘。」

「大約相同的時段在週二晚上要花多少時間？」

「更久一點。」

「可想而知——我們還要遵守交通秩序。在週二下午六點開車進城，要比週六花上更多時間，而灣區又比貝克斯菲爾德（Bakersfield）的交通量更大。那可能會耍弄我們，讓我們認爲有人一定在做些安排。與週六相比，是誰決定週二晚上要花更多時間？是誰決定和貝克斯菲爾德相比，在灣區開六十公里路要花更多時間？是誰送出紙條，告訴更多人在某些時間、某些地點開車上路？喬許？」

「沒有人。」

「沒有人。因此，和週六相比，週二晚上六點有更多車子上路，到底是誰的錯？它並非誰的錯，也不是老天爺或大自然的行爲。它顯然是由人類行爲、人類做出的決策產生。但卻無人掌控。當你在走走停停的車流中，以遠低於時速二十五公里的車速行駛時，你確實在開車。但顯然以時速二十五公里的車速前進非你所願。那麼，爲什麼你會開那麼慢？爲什麼你不能開快一點？我們明白，這是其他駕駛同時上路之故。火星人可能會認爲每天尖峰時間就有人安排車隊遊行，所以那時大家都會決定開慢點，但我們知道得更多。我們了解，沒有人計畫或企圖在尖峰時間讓交通變慢。只是我們仍然不解，若想對交通做點什麼，一來無數字可調整，二來缺少交通節溫器，該怎麼辦？我們想要那些東西。我們期待擁有那些。」

「沒有一位駕駛人可以對交通做些什麼。但我們身爲整體社會的一份子卻辦得到，因爲我們比螞蟻更聰明，不必像螞蟻那樣帶著蟻群。我們可以改善它。」喬許說，同時看著露絲的臉，想知道是否可以打斷她的談話。

「我們能嗎？我們該怎麼做？」

「我們可以把路拓寬，或是花錢建立大眾運輸。」喬許回答。

「舊金山這兩種方法都試了。一〇一公路比以往更寬。還有BART大眾捷運和CalTrain火車系統。但問題有解決嗎？週二晚上開車果然花較少時間嗎？與馬路較窄、較少大眾運輸的貝克斯菲爾德相比，舊金山的交通量確實變得比較少嗎？」

「沒有。但它還是有幫助的，不是嗎？」

「有一陣子的確是有幫助。但最終，問題仍然持續，因爲拓寬馬路或提供大眾運輸並非在基本的原因下取得，亦即有很多人想住在這裡——氣候宜人、風景如畫。拓寬馬路能讓此地居民生活更便利。好，我們幾乎沒時間了，但也快到了關鍵重點。假設你有幢房子，你想賣掉它。你會制定價格嗎？」

沒人想回答。看來當然是屋主制定價格，但顯然這個答案是錯的。全班因而鴉雀無聲。

「好，我把房子地點設在帕羅奧圖。你們知道我馬上就要退休了。我坐下來，拿著計算機，決定賣掉我的房子，並且打算以兩百萬美元脫手，好確保退休後可以維持既有的生活水準。所以，你們覺得如何？——那是個好價錢嗎？賈斯汀。」

「教授，我不知道。我沒看過妳的房子，也從來沒去過。它可能是個好價錢，也可能不是。」

「你會怎麼決定？」

「我會看看這幢房子有多大，還有院子和周圍環境。」

「在你檢視這些內容後，你看到類似的房子標價八十萬美元，你該怎麼辦？你認為如果類似的房子開價八十萬美元，我可以把我的房子賣到兩百萬美元嗎？」

「可能不行。」

「可能不行？或許你想公開發表不同意。把握機會吧。」

「好。如果類似的東西，花八十萬美元就能買到，大家就不會願意掏出兩百萬美元購買。」

「為什麼不會？」

「一位潛在買主同時有另一幢價格較低的物件可選擇，卻砸下兩百萬美元買了妳的房子，此舉會顯得相當愚蠢。」

「啊哈！」露絲突然興奮出聲。「所以，是誰制定價格？我當然可以隨心所欲在廣告單寫下任何數字。隨便寫下一百萬或是兩百萬美元的價格。或者開價兩千萬美元，希望有人會愛上我屋內某樣獨特物品而買下房子。但如果我真想賣房子，最好是設定一個數字，接近在坪數、屋況和環境與我房子一樣引人的房價。大約八十萬美元。」

「所以，是誰制定了那個價格？」賈斯汀問。

「沒有人。那個價格是所有類似特色的房屋買賣雙方交流得出的數字，就像語言產生，或是週二晚上尖峰時間出現一樣。在賣屋這個案例中，房價會調整，因此想買那種特色、地點或坪數條件的房子的買主人數，大約會等於可供應的房屋量。而此處則是令人困惑不解的地方。沒有一位個別的買家或賣家想建立一套按部就班的房屋市場。每位買家和賣家只想獲得最好的交易，但結果卻是無人意欲建立的秩序儼然成形。那個秩序的結果就是，你知道何處有房子要出售，可以計畫搬到沙加緬度（Sacramento）、舊金山或是梭塞里多（Sausalito）。這裡沒有房屋大王。沒有人計畫以確保每個市場都有足夠的房子，讓人們每天在城裡不斷搬出搬進。但是，當供給與需求不正常，價格調整，無論是漲價或降價，反而會給人們各自制定計畫的自由。哪裡的房子比較貴？是帕羅奧圖還是迪莫伊（Des Moines）？」

「帕羅奧圖。」賈斯汀立即回答，很高興在這些琳瑯滿目的問題中答對了簡單的一題。

「那麼，假設你要在兩份工作中選擇其一，兩者都有很好的發展潛力，一個在帕羅奧圖，另一個在迪莫伊。你在迪莫伊發現一幢你很喜歡的房子，售價十五萬美元。然後你到了帕羅奧圖，看見我的房子售價八十萬美元。你會因爲我開價那麼高而對我生氣嗎？這是我的錯嗎？還是誰的錯？是誰制定價格？我不再制定我要出售的房價，我寧可決定在尖峰時間，在二〇一公路開車的時速要有多快。我們不會被尖峰時間耍弄。因爲我們知道，即使你猛踩油門，在尖峰時間以時速二十五公里的速度行駛也非你的選擇。同樣地，訂出八十萬美元的售價也不是賣家的選擇。沒有人制定價格。它就是這樣出現了。」

露絲起身，在教室前踱步。

「語言，」她繼續表示。「開車進城的時間。房價。石墨價格。鉛筆價格。我們透過行爲但並非意圖而建立了它們。它們是我們不知不覺編織的掛毯。無人有意建立它們，但其本身卻有一套整齊的秩序。這些便是「浮現現象」（emergent phenomena），這種現象是人類行爲、而非人類設計的結果。當浮現現象的結果是價格時，創造價格的現象即稱爲市場。它是一個蹩腳的字眼，但我不去控制我們怎麼稱呼它。眞希望我可以。」露絲幾乎是對自己說。「價格建立了秩序。它們在經濟體制中傳送信號給供應者，讓他們擴增或減少所製之物，轉而讓買家可以自由變更計畫和夢想。有人想要多運動嗎？突然就有新款鞋類、新衣和新設備供他們選擇。這些新產品的出現不是因為運動大王進行一些調查而來。新產品只是陳列在店裡。動作迅速。不到十年，大家就想進而擁有更健美的身材。但這幾乎是依令行事。只是我們知道並無命令，因為根本就沒有指揮官。而當資源、人和能源流向那些新產品時，你可能預期到，在其他經濟方面會有突如其來的短缺。但這也不會發生。因為我們所有不同的計畫和夢想，不知為何，都會不受干擾地編織在一起。幾乎是神奇的。」

露絲走到窗邊，望向窗外。思緒飄忽了一會，回想她教授經濟學的漫長歲月，以及究竟花了多久時間才真正了解它。

「大家認為經濟學不過是個常識，有些內容的確如此。」她繼續說著。「但是了解經濟學家所稱的市場為何——價格浮現，並回應生活環境變化的現象；發現新事物時，不斷改變的品味、欲望，以及創意——卻非常識。它是經濟學家所能理解的最深層面，也是這門課的焦點——學習了解此一過程，它是未經計畫、未經設計的秩序，而且在無人掌控下出現——專門化的出現是一種結果，其所建立及使用的知識也是結果，還有當你想以規則掌控它時，那個過程的反應為何。」

喬許舉了手。

「店內總有足夠的鉛筆可買貨好，」他開始說著。「但有些事情遠比鉛筆更重要。食物。健康。棲身之處。這些基本生存條件。若如妳所言，只是讓價格浮現，每樣東西最後都會落到最高價的得標人手裡。那樣並不公平。有錢人會得到好東西，而窮人只能撿剩下的。這是何以去大盒子抗議如此重要的原因。我們不能讓他們利用大家的苦難發災難財。當然，教授，妳同意不是嗎？在地震過後漲價是不對的。妳也會參加抗議活動對不對？」

露絲知道他是在嘲諷她。她喜歡班上有他在。一個班裡若少了像喬許這樣的學生，就會像辣椒少了辣椒粉加料一樣。她也注意到艾咪臉紅了。爲什麼呢？她好奇著。

「喬許，你眞正要說的是，價格遠比掌控周邊資源並讓人們使用知識來得重要。價格還會影響你的快樂程度。沒錯，任何想在帕羅奧圖買房子的人都可以找到一間，只是要付出和皮奧瑞亞（Peoria）相對而言極高的房價。沒錯，颶風發生後的高售價是確保了大家可買到想買的牛奶。但如果你很窮呢？當你無法負擔某些東西時，究竟擁有什麼樣的自由？這是你要問的嗎？」

「是的。」

「海耶克說過，『經濟學的好奇任務即是對人類展示，他們對於自認可以一手策劃的內容，所知程度是何其渺小。』」露絲說。

「對不起，」喬許說。「那是什麼意思？」

「抗議者想像他們可以改變某件物品的價格，假設是颶風後的牛奶價格好了，而且其他事物都維持不變。說變就變。更便宜的牛奶。更好的世界。誰不想買更便宜的牛奶？可是這個世界並非如此簡單。我跟你們說個故事。我女兒莎拉和女婿艾倫住在聖路易市。幾年前，莎拉懷了第一胎。恭喜艾倫，不過他有點擔心生產。說眞的，他是個杞人憂天者。他擔心小孩健不健康，擔心莎拉是否平安順利。但他最擔心的，卻是從家裡到醫院的路上。他最大的恐懼是太太在車上臨盆。他擔心路上發生地震，或是龍捲風，或者是一場暴風雪，即使小孩的預產期是六月。或者是在龍捲風中途的暴風雪。或是開車遇到尖峰時間。他擔心個不停，甚至請教醫生，若是太太突然在車上分娩時他該怎麼接生。」

有兩個學生咯咯地笑出來。

「非常同意，」露絲繼續表示，「雖然他是個好好先生。反正最後，莎拉在半夜醒來——凌晨兩、三點——出現強烈的陣痛。要生了。毫無疑問。一、兩分鐘內，莎拉和艾倫奔下樓去、衝進車裡。車子吼聲隆隆，幾乎同時伴隨著引擎聲，然後艾倫開始咒罵。『搞什麼！』

莎拉尖叫。她已經捉狂，因爲艾倫從來不曾口出惡言。她完全失控瘋狂。」

露絲望向窗外，想起那晚的經過。

「他們車子的油幾乎用完了。指針指著空油。實際上是低於空油狀態。莎拉哭出來。艾倫接著說了些較爲文雅的措辭。他們該怎麼辦？到醫院有二十分鐘車程，可能有二十五公里的距離。他們來得及嗎？他們決定不要冒險一搏。他們奔至最近的二十四小時加油站，買了一加侖的油，然後駛向醫院。他們趕到醫院，而僅在十小時後，」——露絲停了一下，面帶笑容——「莎拉就生了一個漂亮的女兒。你試著站在艾倫的立場，想像一下前晚的情形。你的太太要生了。你衝向車子，思緒疾馳，想正確掌控一切。然後你看到了油表。此時腦中思緒翻騰。家裡離醫院有多遠？有多少公里？你得買多少加侖的油？你該去哪家加油站？在晚上這個時間最快抵達加油站的方法是什麼？你該去最近的一家加油站取得開去醫院所需的油量嗎？當下問題千絲萬縷。但只有一個問題沒想到。而這個問題讓故事值得一提。在你腦中出現過的無數想法中，有件事連在你腦中閃過的機會都沒有，那就是加油站是否無油供應。」

「爲什麼會沒有油？」喬許問。「他們從來不缺油。」

露絲沒說話。她走到窗邊，讓喬許的發言沉澱片刻。

「那的確是我的重點，」她終於說了。「石油的供應是某些你永不會匱乏之事。有人將它自地底開採出來、用油槽車運送，然後精鍊，再用運油車送至全國各個角落，而經營那家加油站的人得以確定加油站永遠不會出現石油短缺。永遠不會。而且還會有人在凌晨三點現身二十四小時營業的加油站工作。你也不必擔心那個問題。整個冒險一搏的長鏈都由自我利益連結在一起，而它運作得相當良好。現在，也許你不喜歡石油市場的某些事物。你甚至會認為石油買賣和賣房子不一樣，畢竟石油生意只是少數大亨在主導整個市場。但那裡並沒有數字盤可以讓你調低油價而無任何後續影響。你們大部分都是二十、二十一歲吧？」

大家點頭。

「一九七三年時，你們尚未出生。甚至在一九七八年也還沒出生。你們錯過一九七〇年代的石油危機。石油輸出國家組織（ＯＰＥＣ）削減產量，隨後油價上漲。政府為油價設了底線，因此油價超出某個價格銷售即為觸法。這個底線減少了零售商銷售石油的獎勵，而人為的低價卻增加了大家想要購買石油的總量。有時，你到了加油站，會看到那裡有個告示，寫著『無油。請於明日光臨。』你能想像嗎？或許不能。但在當年那個時期，如果你得在凌晨三點上醫院，然後發現車子油箱空了，你可能會很倒霉。因爲當年，擔心加油站是否買得到油，是你首要擔心之事。當年我們有能源大王。一位政府官員的工作就是解決能源市場的問題。一九七〇年代，是我一生中唯一在需要時買不到石油的時期。一直到幾年以前，卡翠納颶風襲擊美國並且重創許多煉油廠時，有一群首席檢察官想保護大家免受價格飆漲的危害。因此，他們對任何收取『過多』油費的人處以罰鍰。這對加油站收取市場所能負擔的費用而言充滿了風險。」

「但那是對百姓的照顧。那正是政府應該做的事，」喬許發表意見。「那也是在地震隔天首席檢察官該做的事。所有的必需品都應該有較低的售價。」

「或許。卡翠納颶風過後，加油站大白天就無油可供應。布希總統還得懇請民眾非到必要之時，不要加油。但是懇請拜託還不如利用較高的油價讓民眾減少用車與用油來得有說服力。同樣的抱歉觀點已經在流感疫苗短缺時發生。同樣悲天憫人的首席檢察官威脅，要對任何『飆漲』疫苗的賣家處以罰鍰。因此疫苗價格維持低價。但當價格以人爲方式壓低時，總是有大排長龍的民眾等著施打疫苗。於是，總統再度懇請民眾，若是罹患流感的低危險群，則不必施打疫苗。有些非常健康的民眾當然接受勸告，但這仍然不夠，依舊出現大排長龍的民衆。老人排隊等上五、六、七個小時施打疫苗。途中有些人體力不支倒下，必須住院治療。結果，有位七十九歲的女人累倒了，撞到頭，然後死掉了。她死了！」

露絲不停地踱步。她停下來面對全班學生。

「重點在這裡，」她繼續表示。「價格可以做很多事情。因爲價格會變化，不會有持續的短缺情形。在一些情況下，價格可以引領知識處理改變。還有價格會將金錢從買家轉移到賣家。後者則是最容易看到的，而且我們經常對它感到不滿。但是，如果你對待價格一如節溫器般，只需調降數字就能讓買家的生活更簡單，你將無可避免干擾達到該價格所帶來的其他結果。大家都知道，天下沒有免費的午餐。操弄價格會導致失序。你會失去知識與資源流通的益處，這些內容就是價格在無編舞者的情況下自行漫舞。我們在這堂課隨後還會學到，即使你想竭盡一切幫忙買家，他們也可能因爲你的努力而受害。」

喬許開始回應，但露絲卻舉起了手。

「喬許，你對於抗議活動的看法絕對正確，」露絲說。「這堂課的每個人都應該參加那場抗議活動。強制參加。參加後，我要你們每人就所見所聞寫一篇經濟學的分析報告。我們已經超過時間了。下次見。」

5 倚賴園丁

她為男孩買第一個棒球手套時，那年他五歲。他已經吵了一年。倒不是錢的因素。她憂心的是身為父親之子的負擔。這男孩每天下午及整個夏天，都在他們家附近一處小公園玩上好幾小時的棒球。就像他父親一樣，他和年齡比他大的男孩們一塊打棒球，卻足以與他們匹敵。大部分的其他男孩也和他一樣，生於古巴、成長於邁阿密。他們都知道他父親，每每說起他父親，就有如提到棒球的守護神。

有一天，他從棒球場返家的路上，看到有位網球教練正在上課。於是他駐足觀看。當時他八歲，但看來像十或十一歲。網球課結束後，雷蒙幫教練一同撿起散落一地的球，並問教練可否讓他揮拍試試。這位地方職業選手教練當場說好。隔天，雷蒙再回來，又問可否讓他打一下網球。不久，這就成了兩人不成文的定期約定。雷蒙幫教練撿球。教練開始教他網球。

露絲．李柏接到七七年畢業生、大盒子主席暨總裁羅伯特．巴克曼的電話時並不意外。一個喜歡掌控一切的男人，即使事情非他管轄，也要打通電話給他認爲應掌控某些事物的某人，但她曉得自己無法制止。

「露絲嗎？我是鮑伯。」沒有報上全名，只說自己是鮑伯。但他是對的。她知道他是誰。

「鮑伯！眞高興接到你的電話。你好嗎？」

「沒昨天那麼好。我在灣區有了點小麻煩，而且恐怕蔓延到我最愛的校園裡。就是妳任教的那所。」

很多人都以爲露絲．李柏管理史丹福，而大學校長的工作就是募款。當別人問她管理大學的感覺如何時，她只是大笑，談及如何看管貓群。或者當她較有一些反思的心情時，則會將教務長比喻爲雨林中的園丁。你無法美化雨林。你只能四處栽種，四處修剪。但你並未管理雨林。你也並未管理一個國家或大學。你是有影響力，可以將其推向某一特定方向。或許你會名垂青史，但卻無法讓它聽令行事。

只是，難道她不是史丹福學術生活的總裁嗎？不是由她負責嗎？她會解釋，教務長必須處理終身職的教職員、繁瑣的政策，以及全體學生和校友。若無管理則會一片混亂。但露絲太清楚總裁須知，那就是總裁本身亦無法眞正指揮身旁的人。領導能力在任何層面都需要激發動機和授權委託，而有時，你只能放手。

露絲面帶微笑，好讓她電話中的聲音聽來悅耳，假裝巴克曼的確就在屋內，坐在她桌子對面。對她而言，教務長的難事之一，就是受辱時面帶笑容，或是傾聽笨蛋或惡霸說話。巴克曼不是笨蛋。巴克曼聽聞了在海沃大盒子賣場裡發生的驚險事蹟，現在他聽到風聲，有群人正計畫在史丹福校園進行抗議活動。他想知道露絲打算如何制止這一切。她沒有直接回答。她自述其對學術自由與大盒子雙方的奉獻精神，而且不介意這兩者目標可能相互衝突。

巴克曼知道她在拐彎抹角。聽完露絲所有來來回回的描述以及對於專業的摯愛與感情後，巴克曼也不含蓄暗示了，直接問她面臨的威脅問題是什麼。當然，露絲清楚，巴克曼和資訊工程系及商學院談過，要成立一所嶄新先進的資訊科技中心，專門處理服務界中的創新控制與及時化實務。露絲當然也明白，這表示學校將收到一份三、四千萬美元的大禮。因爲大盒子正考慮這樣一個跨學科中心的命名權，故目前正和商學院院長、資訊工程系系主任，以及文理學院院長討論。露絲很清楚，校友打算讓資訊科技中心的成立夢想成眞，若使那些系所失望，如此一來，肯定爲露絲和史丹福雙方帶來慘不忍睹的後果。

「是的，鮑伯，」露絲回答，抑制著再多言的衝動，「我不是白痴。」相反地，她說著平時有多感謝大盒子與大學之間關係的重要性，特別是鮑伯・巴克曼。

「所以妳打算怎麼辦？」

露絲將話筒遠離耳朵，保持一個安全距離，等了好一會，確定巴克曼已經吼完。她承諾會和雷蒙・費南德茲談談。顯然他有某種程度涉入其中。是的，她當然認識他。他已經排在她的行事曆上了，那天是——他是畢業典禮中致詞的學生，緊接著還有一場討論後勤準備的會議。她保證會告訴他，將無法舉行抗議活動嗎？他難道不需要獲得一些許可來籌辦嗎？或許。但未經允許的抗議活動甚至更危險。她能以取消獎學金爲由來威脅他嗎？還是拿根球棒敲他幾下？眞好笑，鮑伯，不，那些事情她都無法承諾。是的，她會找他談話。是的，她會保持聯絡。是的，她會完整掌控抗議活動。是的，她了解做些讓鮑伯快樂的事情之重要性。是的，她明白那筆三千五百萬美元的款項，無論給予或取走幾百萬，都是一大筆數目。是的，她了解鮑伯對史丹福未來的重要性。是的，是的，是的。

畢業典禮會議開始後，露絲比平常更加注意雷蒙・費南德茲的一舉一動。當然，她已經知道他一些事蹟。他父親是古巴傳奇棒球選手，英年早逝。他母親冒險帶他來到美國，當時是轟動數週的國內新聞。她看過他打網球。他認眞參賽的神情，她在任何球場上都未曾見過。

會議中，雷蒙相當安靜，而且彬彬有禮，不像她以爲的那種傳謠在密謀大學抗議活動的主辦人。大四生選定雷蒙做爲畢業典禮上的學生致詞代表，而此會議的目的就是復習後勤準備事宜以及畢業典禮當日的計畫。會議結束時，露絲問雷蒙能否多留幾分鐘。於是他坐在她書桌對面一張矮桌旁的舒適靠椅。

「溫布敦比賽準備好了嗎？」

「正全力以赴。」他心裡好奇，她要他留下來做什麼。或許她想要幾張門票，或是幫姪子或外孫女要張簽名照。他已經習慣了這種關心。

「我相信你會表現得很好。」

雷蒙點點頭，等著她提出要求。不料露絲再度開口時，卻著實嚇了他一跳。

「我聽說你正計畫進行對大盒子的抗議活動。」

雷蒙不知道該說什麼。故什麼也沒說，等她繼續。

「我只是聽到傳聞而已，」露絲繼續表示。「純粹對你計畫的內容感到好奇。」

雷蒙保持沉默。

「我猜你會提出一些要求。你可以告訴我是哪些要求嗎？」

雷蒙再次感到困惑。這是牽涉他們抗議活動計畫的一部分。但她眞的期待他說出目前正計畫的要求嗎？

「如果我正在計畫一場抗議活動，」雷蒙終於說了，「我可能會對細節部分保持沉默。但我很感謝妳對這件事有興趣。」他微笑著，試圖緩和情況。

「我喜歡抗議活動，」露絲說。「但如果我是你，我一定會要求校方重新命名那棟大樓，然後把收到的資金退回以取回命名權。我相信你已想到這點了。」

雷蒙十分震驚。那眞是他或「狂風暴雨」應該討論出的好主意。讓大盒子退出校園！一切非常明顯。他們錯失了。但這眞是瘋了。教務長竟然給他如何讓校方蒙羞的建議。她瘋了嗎？還是他瘋了？他聽漏了什麼嗎？他決定跟她耗下去。

「要求？好主意。那麼有位演說者如何？你會推薦誰？」

「你可以考慮——」露絲提了一位傑出作家，是知名的美國企業對抗者。「但老實說，我發現他有點倦怠，有點太過於自我。在信念方面是不錯的，但在未轉變的情況下就不怎麼有效。我認爲你是最好的演說者，你出身較爲貧寒，而這對起身對抗大型企業會很有效果。而且你是當地民眾。大家都認識你。他們迷死你了，會聲援你。我聽一位朋友說，你拿著擴音器時就像拿著球拍一樣順手。你是明顯的不二人選。」

這裡究竟發生了什麼事？所有人中，露絲·李柏是如何得知雷蒙打算演講？難道只是運氣好猜中的嗎？艾咪曾告訴過她嗎？眞是瘋狂。但最有趣的問題是，爲什麼露絲·李柏看來支持這場抗議活動呢？或許它是誤導的遊戲——假裝吊小球（drop shot），然後在他衝向球網時再吊高球（lob），讓球自他頭頂飛過。或許她想這樣嚇嚇他或是勸退他。或者，這也許是直截了當的交易。或許她眞的一點也不喜歡大盒子。而雷蒙相當確定的是，大盒子的資金在露絲接任教務長之前就已進駐校園。或許她認爲這是一個錯誤。或許她試圖想讓她的上任教務長、亦即現任的大學校長難堪。接著還有艾咪。艾咪是露絲·李柏班上的學生。他得和她談談。或許她對露絲關於這場抗議活動的想法有些見解。

「小心，雷蒙。如果你即將有場抗議活動，當然，我只是假設，我希望你做好準備，以面對不可預期的情況。」

他看著她，面帶微笑。她看來很誠懇。有好一會，這位坐在他對面的嬌小女子讓他想起了自己的母親。他完全不知道她是否是認眞的。所以他只好點頭，感謝她的建議，然後離開。

抗議活動的那星期，「狂風暴雨」和他的柏克萊朋友以傳單和海報席捲校園，要求大盒子退出校園，同時校方得退回自勞方敵人取得的髒錢。鮑伯・巴克曼則持續從另一側施壓，倚賴露絲做出決定，而非僅是交待隻字片語。他要知道露絲打算怎麼做。鮑伯要求露絲停止抗議活動或者將其降至最小化，把他們趕到校園角落，或是校園外某處，或者起碼別在印有他公司名的大樓前舉行。難道她打算讓這些小鬼使他和公司難堪、而不計任何後果嗎？因爲她若僅是任其發展，那麼他勢必得出手。若她不採取任何行動，若抗議活動照計畫如火如荼地展開，那麼大盒子本身將不會放過史丹福。不僅未來所有的饋贈都會岌岌可危，大盒子也會控告校方，因爲大盒子曾撥款命名教育行政中心。

「但是鮑伯，」露絲繼續表示，就在抗議遊行預計舉行的前幾天，他不斷以電話纏住她。「你不會想那麼做的。」

「我當然想。而且我會那麼做。妳等著看好了。」

「可是，如此一來，你就會被學生玩弄於股掌間。」

「怎麼會？」

「我猜你還沒看到散布整個校園的傳單。」

「傳單寫些什麼？」

「他們要求史丹福退回大盒子的資金，為大樓重新命名。如果你把我們告上法院然後贏了官司，你會交給學生勝利的銀牌。付完律師費後，會比較像金牌。如果你要求史丹福退錢，那筆錢是你曾經慷慨捐贈、用來建蓋大盒子教育行政中心，我們就會刪除大樓上的大盒子之名。那會讓抗議者因為把你趕出校園而勝利歡呼。那只會鼓勵這類人再採取下一個行動，如果你懂我的意思。你給了他們一場公關勝利——」露絲停住了。鮑伯．巴克曼在她尚未解釋之前即把電話給掛了，露絲想告訴他，大盒子在此情況下，最好的做法就是加倍下注，讓那筆給IT中心的三千五百萬美元捐款展現他們的原則立場，同時不讓一群不懂商業世界的小鬼威脅。

抗議這天看來一如四月史丹福校園中尋常的星期二。氣溫為攝氏二十幾度，藍天白雲。若鮑伯．巴克曼希望今天下場雨，他可能要失望了。

群眾聚集在紀念堂前的噴水池，開始穿越校園、遊行至大盒子教育行政中心。「狂風暴雨」配備齊全，一路散發著他和朋友製作的標誌和旗幟。他很高興這回抗議的對象是大盒子而非家得寶。畢竟你該如何諷刺家得寶呢？而且何謂家得寶？但大盒子的基本圖案則是電視新聞人員完美而可口的取材對象，他們會記錄整個事件，同時保證鮑伯·巴克曼在當晚會看到這則重點新聞，即使他在香港拜訪一些服飾供應商時亦然。遊行中出現各種大小盒子。含有標語的盒子。盒子就像小孩的棺材，那些在地震那晚因爲大盒子的貪婪而飽受飢寒的小孩。因爲大盒子低廉工資而飽受飢寒的小孩。大盒子準備起火。大盒子架上了木條，底下鋪著海報。大盒子被當成裸體遊行者的蔽體之物，因爲大盒子價格飆漲以致人們買不起衣服。

大盒子教育行政中心是由西洋杉和玻璃門窗建造而成的巧斧神工之作。它精緻的背景映襯了雷蒙的動人演說，「狂風暴雨」則在事前告訴所有的新聞攝影，該如何選位才能讓講台與建築物同時入鏡。鮮少有抗議地點的主持者如此友善。雷蒙順利說服校方行政單位，說明這是一個學習的機會，而且他們會貼心自備講台和音響設備。眞好騙，「狂風暴雨」心想。他們都是一群笨蛋。

艾咪參加遊行，她對雷蒙的摯愛情感，壓倒了經過露絲·李柏灌輸、學了經濟學後所產生的疑問。露絲也出現了，雖然她並未加入群眾抗議的行列。萬一攝影機捕捉到她在抗議活動中的畫面，如此增加鮑伯·巴克曼任何不悅，實在毫無意義。她從主街中退回，滿意地看著遊行，並從遠處透過擴音器聽到了雷蒙的演說。

雷蒙的演說精采絕倫。他先是敘述了地震那晚的情形。他陳述大盒子在緊急狀況時，飆漲物價進而剝削窮人的不公不義。他要求大盒子發誓每天持續低價銷售。他的計畫就是以更爲緊湊的方式重演地震那晚的演說。這一回，在他的命令下，他會使用群眾做爲他的工具。他會解釋大盒子冷酷無情的價格政策，再以墨西哥女子和她爲小孩哀泣的故事帶至主題。他預期這會和地震那晚對群眾有著相同的效果。但與那晚在海沃激怒群眾然後緩和情緒的做法不同，今天，他會傳送那個情緒並且引領前進。

「狂風暴雨」和他在柏克萊的核心班底會開始喊出「大盒子一定滾」的口號。他們計畫遊行至行政大樓，並尾隨一群攝影人員，同時將所有盒子和標誌疊起來封鎖入口。他們會在那裡拉開巨大的旗幟，寫著「大盒子滾出校園」，強迫校方行政人員隔天上班時必須衝破這幅旗幟以便入內辦公。計畫的最後一部分則是個祕密——只有少數參與計畫者得知詳情。但他們信心十足，因爲群眾的自然情緒會引領群眾跟隨並在行政大樓前遊行。這件事易於反掌，「狂風暴雨」解釋。這世界充滿了溫順的綿羊，而群眾正如一群綿羊般，等待牧羊人的指引。因此，只待雷蒙定調後，「狂風暴雨」就會率領他們。

所有目光都在雷蒙身上，但他卻一派輕鬆自得。他已多次成爲大家捕捉的焦點。他對局勢的指揮已無庸置疑。「狂風暴雨」對雷蒙的出現感到驚訝。他從沒想過，在抗議劇場中會有如此一位與眾不同的同伴——一位世界級的運動員，改頭換面，以其演說擄獲群眾注意，並且神氣活現地將整件事圓滿達成。可惜卻是這樣一個充滿理想的小毛頭。而露絲・李柏觀看著在她眼前展開的整個活動，卻有著截然不同的觀點。在那些緊張震驚的實境時刻中，有一個人可以改變世界，當活動行經的路徑突然一目瞭然時，有如時間的整體概念皆毫無意義，而未來不過是比過去更充滿未知的一切而已。

露絲、雷蒙和「狂風暴雨」。每個人都認爲情況在掌控之中，但只有其中一人是對的。其他兩人僅是客串性質，一面眼見爲憑，同時又遺漏了未見之物。雷蒙說完了他的墨西哥婦人故事後，群眾恰好開始吶喊，「大盒子一定滾！」雷蒙下了台加入吶喊者的行列，並引領群眾來到行政大樓。但他走得並不遠。群眾突然湧向他，對他拳打腳踢。他大叫著要他們轉向，拚命遏止施暴的人潮，可惜只能在群眾的口號中聽見自己微弱的聲音。他們擁擠穿過講台，自行政大樓朝反方向前進，蜂擁而至大盒子大樓。而就在雷蒙倒下前，他獨特的周邊視力卻讓他瞥見「狂風暴雨」領軍，彎腰拾起大樓前美化空間的一塊石頭。「狂風暴雨」的手裡握的是平滑冰涼、形狀和重量皆十分完美的石頭。在「狂風暴雨」丟石頭之前，雷蒙就倒下了，不過「狂風暴雨」在群眾之中率先一擊的動作，仍被電視新聞小組的畫面捕捉下來。接著沒多久，數百位群眾在「狂風暴雨」的起頭下，紛紛起而效尤，於是大盒子教育行政中心整個前門全數化爲一地的玻璃碎片。

就在三十公里之外，有五十位抗議者在海沃的大盒子店門前，以同樣的手法展現動魄事蹟。攝影人員也在那裡。「狂風暴雨」事前便已全面通知，因爲要是攝影機未能捕捉到這些畫面，豈能讓人相信眞有其事？舞蹈編排已然完成。

艾咪被群眾推擠到丟石頭的那群人中。她有如大海中孤單飄零的海草，完全無法控制自己的腳步。露絲以十足的冷靜遠觀一切，當她見到群眾蜂擁朝向大樓，並且開始丟石頭時，便趕緊用手機召來校警。他們很快就會抵達。等到他們趕到現場，丟石頭的人早已一哄而散。校警沒逮到任何人，反而幫了十五或二十名被群眾猛烈攻擊而倒下、或被石頭誤擊的人。有個女人一臉暈眩坐著，一眼上方血流如注。她的臉隔天將會登上美國各大報紙頭版，同時還有另外一張大盒子教育行政中心正面瓦礫殘垣的照片。

雷蒙呢？雷蒙在哪裡？露絲看見他一跛一跛地朝體育館走去。

6 俯首認罪

雷蒙十二歲那年，贏得最難的市內十四歲以下錦標賽。當他將要奪得亞特蘭大十四歲以下的地區錦標賽冠軍時，該州網球學院代表們紛紛致電費南德茲家中，表示願為雷蒙提供獎學金，以及前途似錦、名利雙收的保證。這些代表中，有些男子順道探訪後，對這對母子同時深感興趣。彼時她不過四十出頭，風韻猶存。她哥哥愛德華常告訴她，對人和氣點無妨。她對人是和氣，但也僅止於此。她認為自己是希臘神話中的潘妮洛普，可惜一陣暴風雨吹毀了先生尤里西斯的船，而他則滅頂了。她為雷蒙選擇了邁阿密擁有最佳師資的網球學院，並讓他住在家裡。

雷蒙高三時，贏得青少年溫布頓網球公開賽後，全美擁有最佳網球課程的大學一一發函、送上簡章並邀請雷蒙到校參觀。他最後選擇了史丹福。他的大一生活幾近完美。他喜愛這所大學，喜歡網球課，也愛上課。春季時，他贏得NCAA單打冠軍。這是轉為職業選手的時機。他可以搬回邁阿密，為母親買幢房子。但她拒絕了。她告訴他，住公寓就好了。這是她習慣的生活。她要他保證，四年內都要好好念書。

「如果團體成員不在乎誰獲得獎賞，那麼你們團體的成就則將無可限量。」這句格言獻給自摩西以來的每位成功領袖。現任教務長的露絲．李柏常想起這句話。大盒子抗議活動的兩天後，當她坐下來聽著鮑伯．巴克曼譴責她，讓她知道一切平安無事有多幸運時，這句格言總是先浮上心頭。

露絲．李柏的部分工作是，讓自認十分重要的某人感到更為重要。這並非易事，但她已竭盡所能。她讚美鮑伯．巴克曼的高瞻遠矚。是的，她坦承一切平安無事，還得歸功於一些運氣。是的，抗議者是攜帶了一些不雅的標誌，而那位網球選手則說了一些不雅的內容。但整體影響相當良好。大盒子教育行政中心散為玻璃碎片的前門已引起輿論，紛紛表示對於抗議者的反感。而這也讓史丹福看來有如報復尋仇的受害者，而非與其企業受益者聯手進行破壞的同夥。海沃賣場的損害也讓大眾對大盒子產生了同情，進而更加討厭這些抗議者。電視新聞小組在賣場門口採訪到的民眾，也只知道因「狂風暴雨」和他朋友的行為，故店門大關維修中。在一則新聞報導中，露絲告訴鮑伯，一位受訪的購物民眾甚至將抗議者與地震相比較——在這兩個事件中，你都無法得到想要的東西。最重要的是，這是一場極為滿意的活動結果，即使一切皆因運氣之故。

起碼，這是她告訴鮑伯的內容，因爲她絕不可能向他解釋，這場活動是如何照原定計畫展開，並且是對史丹福及鮑伯．巴克曼雙方都有好處的結局，唯一可行的方法。只是不巧，它損害了史丹福傑出學生的名譽，讓他捲入如此失序又暴力的事件中，但他將有更光明的未來，她自己這麼想。一時變調的理想主義總會被遺忘的。而且她的確也警告過他了。還是，這只是她心中的想法。

最後只在會話結束時出現了警訊。

「活動結果帶來的最好收穫，」巴克曼歡呼說道，「就是那個叫費南德茲小鬼的末日。他可以再回到最擅長的領域。打網球。」

露絲並未告訴他，雷蒙．費南德茲仍會帶給大盒子一堆麻煩。以即將來臨的畢業生致詞這項利器，雷蒙還有一次血濺巴克曼公司的機會。但露絲盤算著，這還有好幾個星期的時間。誰知道雷蒙．費南德茲屆時會說些什麼？因此倒也無需增添巴克曼更多麻煩讓他緊張，否則他勢必會對露絲施壓要求處理。若雷蒙．費南德茲屆時說的話題安全妥當，並且灣區對大盒子亦無更進一步的難堪羞辱，她倒是很確定巴克曼會如期撥出ＩＴ中心三千五百萬美元的捐款。接著校內對講機響了。

「露絲，雷蒙・費南德茲來了想見妳。妳能撥出點時間嗎？」

「當然。」

雷蒙進來後，他們各自坐在她辦公室內曾經交談的位置上，亦即靠窗的座位。

「你的腿還好嗎？」露絲問。

「好多了。妳怎麼知道的？」

露絲揮了揮手，雷蒙遂想起，他實在低估了眼前坐在他對面的這位嬌小女性。他將一切全盤托出，從他的心情、他的腿、她明顯的無所不知，以及經過這一連串事件之後在她辦公室裡的不適。

「我欠妳一個道歉。」雷蒙說。露絲想糾正他，但克制住自己。她讓他繼續說下去。

「妳曾想幫我，」雷蒙繼續說著。「妳警告過我，事情可能超乎我想像的困難。我卻忽視妳的提醒。認爲妳只是在和我開玩笑。或著想嘲弄我。妳當初是對的。我錯了。」

她喜歡他的說法。直截了當，不必費力推敲。也沒有藉口。沒有抱怨。他的雙眼定定看著她。他年紀再大些，會成爲某種人物。他已經是了，她了解。他已經有了自己的地位，可以隨心所欲、呼風喚雨。無論是在網球界或其他領域。他是有點天眞，是的，但他很快就有辦法克服這點。

「我好丟臉，」雷蒙繼續表示。「但比這更嚴重的是，我讓大學蒙羞。我為所做之事感到抱歉。我要感謝妳，當初在我犯錯前曾想拉我一把。」

有好一會，露絲微笑想著，然後說，很感謝他來找她，她很期待聽到他在畢業典禮上的致詞。她的書桌上堆滿了亂七八糟、必須於今日處理完的東西。她得上課去了。她今天的行程滿檔，得等到晚上八點、一場持續到夜晚的晚餐後才能喘口氣。她沒有時間和雷蒙・費南德茲詳談。只是謝謝他，然後送他出去，心想在畢業典禮之前還可以見到他一、兩次，屆時再談。

但有些直覺卻告訴她，要從顯然可見的方法中選條不同的路。因此，她以從未預期的方式改變了他和自己的生命。露絲回頭看著雷蒙，告訴他自己打算說的話。她知道他的天真，已經讓「狂風暴雨」遭受重重一擊，而且也將承受她的另外一擊。

「你並未欠我一個道歉。但你也不欠我一句謝謝。」

雷蒙看來一臉茫然。她指的是什麼？

「對我而言，這是一無損失的主張，」露絲繼續說著。「我警告過你，所以問心無愧。但我並不以此爲傲。」

雷蒙仍然一頭霧水。

「身爲教務長，我必須擔心大盒子的聲譽。他們是這間大學的主要捐贈者。而實際上，還可望成爲最大的捐贈者。如果抗議活動造成他們過多的公關災難，那就會危及我們的關係。但整體說來，我也必須擔心大學這方面。一位引人注目的風雲抗議者對我們的國家和國際聲譽有何意義？然後我得擔心你。我不希望你屆時難堪或看來愚蠢至極。所以我警告你。但藉由警告你，我同樣執行其他的目標。如果你退出抗議活動，那麼對史丹福和大盒子之間的關係傷害會減輕，因爲那就會是外來者的工作。但如果你繼續涉入，我會要你在著手進行時採取極端立場，亦即將大盒子趕出校園。我相當了解大盒子的總裁。我知道，如果你一再要求大盒子退出校園，其實反而會讓大盒子與我們的關係更爲緊密。」

「所以，妳當初爲什麼不直接取消抗議活動？」

「我要是取消了抗議活動，大家就會對抗議者產生同情心。那將會傷害到大盒子。而且我會失去任何希望，以任何可能對大學有利的方式去影響活動。我很高興見到抗議活動展開，只要它不是以太過暴力的方式進行。我警告過你要小心後，便坐下來讓事情順其自然發展。我看得出激勵的方式對我有利。」

坐在椅子上的雷蒙身體向前傾。

「那正義又該如何？」

「正義？」

「妳擔心大學。妳也擔心大盒子。妳擔心大盒子與大學之間的關係。妳甚至還擔心像我這樣一個小夥子。但正義呢？妳難道沒想過何謂對錯嗎？」

雷蒙好奇，她知道自己操縱著協助社會寄生蟲如大盒子的情況，夜裡要如何安穩入睡？她看來像個正派的人，難道只是爲了將來可以從他們身上獲得更多的錢？她怎麼會心安理得呢？

雷蒙變了樣。他進到她辦公室時，步伐蹣跚、悶悶不樂。現在的他則一身怒火。他的眼神，是她曾在網球場上見過的那種競爭對手的眼神。她讓這種情緒迸發了一會，享受著這種熱情。她起身、望向窗外，讓他冷靜片刻。接著，她並未回答他的問題或爲自己的行爲辯護，相反地，她以她自己的問題回答了他的疑問。

「那麼，你寧可去哪裡購物？」

他搞不懂她在說什麼。

「什麼意思？」

「你寧可去哪裡購物？到大盒子還是家得寶？去一家在災難過後價格飆漲一倍的商店，還是去一家維持原價的商店？」

「很簡單。去一家維持原價的商店。」雷蒙好奇，她除了閃避他的問題、避免和她的立場衝突外，究竟有何打算。

「所以地震那晚你會去哪家店購物？是家得寶還是大盒子？」

現在，雷蒙看出她要說的角度，但他仍然不解。

「我兩家都會去買。」

「你那晚買了什麼東西嗎？」

「我那晚和朋友一道去。我們首先到家得寶，但發現他們的手電筒賣光了。所以我們才到大盒子。」

「所以，哪裡有較多的正義？是大盒子還是家得寶？」

「家得寶。他們並不想要剝削我們。」

「但他們同樣未提供你們想要的東西。大盒子卻有你們想要的東西。是否有可能他們做的是對的事，而另一家維持原價的並非如此呢？」

「可是大盒子是爲了不當理由才有手電筒和牛奶的庫存。它與正義或是非無關。他們只想圖利。他們應該讓價格維持不變。那應該才是對的。」

「你有沒有好奇過，他們會有足夠的手電筒和牛奶供應正是因爲漲價之故？」

「我不在乎。反正這樣做是錯的。」

「或許。但想想你幫助過的那位母親。」

「怎麼樣——」

「我看到報紙上的新聞了。新聞說，你集資好讓她可以付錢買小孩的東西。」

「那實在令人無法忍受，如此剝削一個爲嬰兒買奶粉和尿布的媽媽。」

「或許。但那天已經很晚了。想想早先光臨的顧客，他們原本可能想多買幾罐存放，但一看到漲價後就決定放棄了。漲價讓他們縮手，留下一些存貨給那些供應商，好讓後來的那位母親買得到奶粉。有些人到了那家店，覺得可以多買些尿布、手電筒或電池。但其中有些物品價格比平常漲了一倍——並非全部——因此有些人就決定不買了。於是，剩下的商品就留給你和那位你幫助的婦女。這裡有任何正義嗎？」

「沒有。當你使用價格，並讓企業趁機敲竹槓，有錢人還是會買他們想要的東西，而窮人則買到剩餘的殘渣。這就是這種系統設計的方式。」

校內對講機響了。露絲看了一下手錶。

「對不起，我希望我們還能繼續討論。但我有個會議。我可不可以再問你一件事？」

「當然。」

「在地震那晚，並無足夠的手電筒供應。而維持平日價格的商店，大家則想要買比架上供應的手電筒更多的量。同意嗎？」

「同意。」

「所以這是我的問題。假設並無足夠的手電筒供應，那麼誰該取得手電筒？」

「很簡單。就是最需要它們的人。而非已經有手電筒的人。也不是有很多蠟燭的人。也不是那些打算一覺睡到天亮、不管有沒有發生地震的人。」

「好。那麼你該如何確定，最需要手電筒的人就是取得的人？這問題確實是一種知識。你該如何發現真正需要手電筒的人？這並非雞毛蒜皮的問題。你可以整晚訪問大家，之後在早上將手電筒發給你決定最應取得手電筒的最佳對象。這個方法好嗎？」

「我不知道。我不確定大家對於是否眞的需要這件事會不會說實話。」

「很好。那麼你得擔心的不只是手電筒。你還得決定誰該取得牛奶、啤酒、蠟燭、尿布、手提發電機，以及大家在緊急狀況時突然想要的東西。如果你讓價格維持在平日水準，那麼誰該取得手電筒和牛奶以及發電機？」

「需要它們的人。」

「我不認爲。如果你讓價格維持原價，會取得手電筒的就是那些先買到的人。當你去家得寶，你要的東西已經賣完了。但在大盒子，任何想買手電筒的人卻都買得到。」

「如果他們願意付錢的話。但是那會讓窮人更難買得到，就像我幫助的那位母親一樣。」

「同意。但對數以千計的人來說，那裡卻有手電筒供應。記得我們想要有的知識嗎？那個關於誰最需要手電筒的知識嗎？當大盒子提高了手電筒的售價，有些家裡已有蠟燭的人就會決定不買手電筒，而把架上的手電筒留給你們。沒有人得去訪問你們其中一人。較高的售價導致你們兩人採取的行爲一如受訪後的行爲。有了蠟燭的人，藉由拒絕購買漲價的手電筒，其傳達的訊息正是：我不買手電筒，我會把它留在那裡給其他更需要的人買。但是沒有人拜託他去做這件對的事，或以法律強制執行，或是訪問他以了解誰最需要手電筒。較高的售價可確保你買得到手電筒。那對我而言似乎就很棒了。」

「或許。」雷蒙態度軟化了一些。這個觀點眞有趣。讓他想起了一些事情，一些艾咪曾告訴過他上課時的事，那個說到鉛筆以及如何使用價格傳送知識的內容。「但大盒子從我的痛苦中獲利是不公平的。」

「你確定嗎？你對家得寶感覺比較好嗎？他們並未自你身上獲利。可是再次地，他們同樣也沒爲你留有手電筒。所以當下次地震發生時，哪家店會有誘因去訂購充裕的手電筒和牛奶，並且承擔手邊更多庫存的成本，而且還不確定知道要是沒地震，這些付出去的錢會不會浪費？是大盒子還是家得寶？知道他們可以漲價，會讓大盒子有承擔這些投資成本的誘因。」

「但我要的是一個既便宜又買得到手電筒的世界！爲什麼我們無法兩全齊美呢？爲什麼富者愈富，而貧者充其量只能奮力爬坡追趕呢？妳是經濟學家。請告訴我，爲什麼我們不能做得更好？」

校內對講機又響了，露絲得請雷蒙離開了。他穿過方院，自覺露絲的確提出了一些有趣的觀點。但這整件事情難道不是爲了防衛她的企業贊助者的方式嗎？在緊急狀況時以高價粗暴地對待民眾，怎能稱得上是有同理心呢？她是位聰明的女士。他給了她那個評語。令人望而生畏的敵人。但她爲何對他如此坦白？就好像廚師主動邀請你參觀你喜愛的餐廳廚房一樣。

她並未提及他要在畢業典禮上致詞一事。抗議活動結束後，他猜她會找個方法讓他離開這個活動。不過她目前什麼也沒做。就他所知，活動仍在進行中。那麼她爲什麼要告訴他兩人會話背後的眞正實情，以及她如何操縱活動？因爲如果他把這件事公諸於世，勢必讓她相當難堪。他聳聳肩，把它當成一個謎。

「怎麼樣了？」

艾咪在紀念堂外的大型噴水池前等著雷蒙。他喜歡這個地方。不知爲何，那些傾瀉而下的水聲敞開了他的心靈。

「我不懂，」雷蒙答道。「我不了解她。她想告訴我，大盒子那晚把售價飆漲一倍是件好事！」

「她有說到什麼餅乾嗎？」

「網路的cookies？哦，是餅乾。沒有，她沒提到餅乾。她爲什麼說到餅乾？」

「那是作業內容。一個媽媽只有兩塊餅乾，當分給三個小孩時，她應該將餅乾拍賣給最高的競標者嗎？」

「那眞是荒謬。」

「我們都這麼認爲。所以教授要我們找出其他的意見。」

「那很簡單。她可以分給每個小孩三分之二的餅乾啊。或者她可能知道有個小孩那天下午可以拿隻棒棒糖當點心，所以那個小孩可以不用吃到餅乾。或者一個小孩可以大方一點讓他的兄弟姊妹吃餅乾。可別告訴我，教務長在她小孩年幼時，用拍賣的方式分餅乾給他們啊。」

「那聽起來的確像是經濟學家可能做的事。不過在教授的案例中，我並不這麼認爲。她的重點是，家長有解決該讓哪個小孩沒有餅乾吃的知識。有時，小孩會分享。此處並不需要用到價格。小鎭亦然。在小鎭上發生緊急狀況時，若危機將會耗費成本，則大部分的居民不論是出於相互關照，還是基於自私理由，都會做出對的事——不然，他們日後可能會盡量不與你打照面。所以當小鎮發生地震時，五金行老闆並不會將手提發電機漲價。甚至即使賣光了，有迫切需要的人可能還是借得到。但在大城市裡，周遭並無那麼多的關愛或知識。較高的價格取代了欠缺的關愛。他們鼓勵人們退出、讓願意以較高價格購買的陌生人取得商品。而較高的價格則給了商人庫存關鍵物品的誘因，並且願意承擔投資成本。」「所以妳認為呢？」雷蒙問道。

「認為什麼？」

「有關大盒子把商品價格飆漲一倍的事。妳那晚也不開心。妳這種說法聽起來好像他們那晚做了一件對的事。」

「我看到好壞兩面。高價對眞正需要物品的窮人而言是壞事。但這對需要物品的人、即使是窮人而言卻是好事，因為他們到店裡時，這些東西比較可能有貨源供應。而且對下次發生地震時會需要這些物品的人來說也是好事。或許為了得到好處，你必須接受不好的一面。我不知道。你呢？」

「我想要更好的方法。很難相信我們現在做事的方式會讓這個世界更美好。在我看來，我們應該找些讓大城市更像小鎮的做法。露絲．李柏會怎麼說呢？」

「我想她會說著平常上課的內容。想要讓世界變得更美好還不夠，去做一些事讓世界看來變得更美好也還不夠。目標是眞正讓世界更美好。而要做到那點，往往比所見更為困難。問問『狂風暴雨』就知道了。」

「我會轉告他。不過這點我接受。」

露絲回到行政大樓後，開完會，並審視了一些下次要用的筆記。她走過去看她的行事曆，了解一下接下來的數週行程，看看接連幾週有沒有比平常更忙的事情。她眞的沒有時間耗下去了。她該冒險一搏嗎？成本很清楚。利益，則像變化萬千、隨意一扔的骰子。它們甚至還是負面的。那麼，該怎麼辦？物理系主任總愛嘲弄她，說若讓世界上所有經濟學家齊聚一堂，他們仍無法達成結論。但露絲．李柏這位典範經濟學家，最後卻理出了一個。

7 下金蛋的鵝

古巴及時凍結了，那個時間是在一九六〇年代初期。首都的灰泥牆宛如一座巨大的沙堡，在浪潮拍岸時逐漸被侵蝕吞沒。即使車子也自一九六〇年代起出現。它們在街頭徘徊潛行，有如恐龍等待冰河時代來臨，好將它們從水深火熱中解救出來。每件事從此亙古不變。沒有人期待明天有何不同。

少有改革者能實現諾言，而古巴領導人亦無例外。美國禁運的錯誤有多大，以及古巴強人狂妄野心的錯誤有多大，這件事則留給歷史學家發掘。誰知道呢？真相難以表述，但強人的無知大錯則眾所皆知，儘管人民僅透過耳語低聲交談。

離開首都、來到鄉村，你會見到河上建有一座橋，但橋的另一端卻無路可走。下雨時，山羊因此改走便橋渡河。城市四周種植著咖啡豆，這個國家成為咖啡大國的夢想指日可待。或許土質太酸或者不夠酸。或許雨下得太少或者不夠多。無論是什麼理由，咖啡豆的豐收盛事並未來臨。

然後，就有了犯人。在工人天堂裡可以有政治犯的存在嗎？

五月某日清晨，史丹福校園只有少數人還醒著。但起碼有個人不僅醒著，而且還在工作。他左手拿著網球，在掌中把玩了一會，接著舉球，將它揮至比想像更高更遠的空中。他舉起球拍，以易誘人上當、無精打采的一擊將球揮出去。砰！不知為何，校園好像決定繼續沉睡。另一個球。舉球。觸球。砰。接著是另一個球、另一個球，以及再另一個球。

他這樣持續了四十分鐘。然後把所有撿回的球，和球拍一起放進袋子裡。他拿出一條毛巾，坐在靠近裁判座椅的長椅上。現在是上午八點半，四周仍然一片寂靜。放眼望去、藍天綠地，網球場的深綠色以及場內環繞著他的綠椅，無處不散發著綠意盎然的氣息。他獨自一人，但只要閉上雙眼，彷彿就能見到觀眾席上座無虛席的球迷們熱情吶喊的模樣。他在這裡打過幾場球賽了？一百場？他注意到有東西在移動。他抬起頭，看到露絲・李柏走下樓梯進入球場。

「我就想可能會在這兒找到你。」她邊說邊在他旁邊坐了下來。雷蒙取下毛巾，喝著藍色的Powerade運動飲料。教務長早上八點半在網球中心做什麼？來找他，顯然是這個答案。只是，究竟為什麼？

「在這裡眞是時光飛逝啊，不是嗎？」露絲問道。

「是啊。每個人都這樣說，而且他們說得也沒錯。教授，有什麼事嗎？」

「沒什麼大事。我只是想繼續我們昨天的對話。」

雷蒙無法理解原因。不過，在進行一些衝刺之前，他反正也需要冷靜一下。因此他樂於傾聽。

「沒問題。」

「你昨天說的一些內容，我一直忘不了。你說到像是有錢人可以買到他們想買的東西，而窮人只能買到剩餘殘渣。是那樣嗎？」

「是的。差不多是那些內容。」

「你問我爲什麼我們不能做得更好。那麼，你認爲我們目前做得如何？一般人正在改進嗎？一般美國人的生活水準比起一百年前是太高還是太低？」

這個問題還是無法讓雷蒙找出這名嬌小女子要在一大早跑來球場找他談的原因。除了美國人的生活水準，她一定還有其他想法。或許想透過一些計謀，進而影響他畢業典禮的致詞內容。好吧，別管她的計謀。她可是興致勃勃想談論呢。反正也沒什麼損失。

「我不知道，」他答。「有些人比較有錢。有些人比較窮。但我猜我會說，平均水準是比較高。」

「沒錯。那麼，你認爲和一九〇〇年相比，生活水準高了多少？高一點？高很多？高了百分之十？高了一倍？請給我一個八九不離十的推測。」

「或許高了百分之五十？」

「你的數字很接近。」

「是嗎？那不過是猜的。」

「你的答案和我問了多數人的答案很接近。他們通常都會回答在百分之五十到一百之間。雖然也有人說是百分之十，而且還有些人認爲我們其實比以往還低。」

「那些推測接近眞正的答案嗎？」

「並沒有正確的答案。不過有些人的回答比其他人的好。」

「請解釋。」

「理論上，答案極易得知。你把美國今日的平均或中位收入與一九〇〇年的相比就知道了。」

「聽起來很容易。可是今日的物價比起一百年前的還要高啊。所以，妳該如何調整它們？」

「你要不將一九〇〇年收入的數值調高，要不就是將今日的收入降低。問題是，要找出應該調整多少。你有音樂播放器嗎？」

「當然。」他彎下身去，從運動袋裡找出來給她，那是最新的Apple iPhone——配備電話、收音機、電視、GPS全球衛星定位系統功能。沒錯，它就是一台音樂播放器。

「你花多少錢買的？」

「我想是一百三十九美元吧。」

「好。所以如果你一小時賺七美元，那得工作二十小時才能買到一台，或者說是兩天多的工作日。你喜歡它嗎？」

「什麼？這台播放器嗎？當然。它很不錯。」

「那你會做些什麼讓它更好？更接近完美。」

「更多的儲存空間。更好的耳機。更長的電池壽命。更快的下載時間。」

「那麼讓我們說在一年之內好了，你每小時賺十四美元，而你的播放器目前售價是二百八十美元。它會變得更便宜還是更貴？」

「一樣。還是得工作二十小時才能買到一台。」

「沒錯。但假設新的音樂播放器擁有四倍的曲目儲存空間、三倍的電池壽命，而且還配有微波爐。」

「妳說的微波爐是開玩笑的，對吧？」

「是啊。但即使沒有那項配備，它還是一台較佳的播放器，只是價錢貴了一倍。那麼，它是變得更便宜還是更貴？或者價格相同？」

「在金錢上的價格是較高。但在時間上的價值則相同。不過它其實不是相同的播放器。」

「確實如此。在一些基本常識中，新的播放器是比較便宜。另外，假設你想把你今日的生活水準與某人三十年前的生活水準相比。三十年前的數位音樂播放器是多少錢？」

「那時根本就沒有啊。妳該怎麼處理？」

「不是很好處理。你得將它和手提CD播放器或者和隨身聽相比。一個甚至是像蘋果大還是橘子大的問題。但一百年前的情況又是如何呢？一百年以前，唯一的手提式音樂選擇，就是聘請一位小提琴家在你旁邊演奏。因此，超過一世紀的生活水準比較，有時甚至只是過了幾十年的比較，都免不了是粗糙的。」

「所以，妳要如何更正經過時間而產生的變化？」

「你做了一些假設，亦即要有多少顆蘋果才能換一顆橘子？你做完後，就得到經濟學家所稱的『估算』（estimate）。這是用來猜測的神奇字彙。有些猜測甚至比其他的還好。」

「那麼請告訴我一個像樣的答案。」

「好的猜測就是，我們的物質生活約比一百年前要好上五到十五倍。也許更多。」

「哇。但那不是極爲精確的猜測。」

「若我得挑個數字，那麼從十開始並不壞。好上十倍。但那仍只是個數字。我給你個充滿變化意味的特點。在一九〇〇年，只有百分之十五的美國家庭有抽水馬桶。可能有百分之二十五的家庭有自來水供應。家庭主婦——那時大部分的女性是家庭主婦——用井裡、溪裡或是經濟公寓的水龍頭汲水，在洗衣板上洗衣。那意味著一年要提一萬加侖的水。而每天有十二個小時得用來做家事雜務。其中一半的時間是備餐。聽起來很好玩嗎？當時有四分之一的家庭，將他們的住房分給房客住。沒有中央暖氣系統。沒有冰箱。實際上沒有人有電力設備。也許五分之一的家庭有冰盒，可以用冰塊。沒有微波爐。沒有手機。百分之四十的美國人力從事農業，每週工作七十四小時。城市的工人每週工作六十小時。我們今日在美國的生活水準和一百年前的生活水準相比，簡直是天壤之別。」

「我不知道我這一代進入金錢世代的方式，是否也和妳當年一樣。」

「美國自一九○○年以來的成功，並非眞正歸因於金錢。是因爲使用室內馬桶，而且有盤尼西林，所以你不會因感染而死亡。也是因爲女性並未因生產而死亡。一九○○年，美國女性因生產而死亡的機會約爲千分之八，幾乎是百分之一了。今日，則約爲十萬分之一。因此，生產要比一百年前安全了**一百倍**。你認爲那與金錢相關嗎？還是嬰兒死亡率？一九○○年，每十名中就有一名——每十名中！——嬰兒於出生後一年內死亡。今日，嬰兒死亡率則低於百分之一。是**十倍**的改善。那是因爲根除小兒麻痺的疾病。是因爲每週較短的工作時數或是更多的退休時間，讓你有更多時間與家人相處，或是學畫、學吉他。那是因爲止痛藥的問市。一九○○年，如果你眞想找點樂子，去試試拔牙好了。一九○○年，約有六千本書出版。今日，每年約有三十萬本書出版。還有，那也是因爲電子吉他和iPhone、網際網路和微波爐，以及其他一切的關係。抗生素和心律調節器。滑板和薄荷口味的牙線。人工心臟和石墨網球拍。我們現在擁有太多在一百年前所沒有的輝煌成就與超群事物，也有許多漂亮搶眼與微不足道的事物。我們的財富讓一切成爲可能。」

「那麼，妳認為現在大家擁有那些全部的金錢而更快樂了嗎？」雷蒙問道。「妳認為大家擁有那些全部的玩具、甚至抽水馬桶，有比一九〇〇年的人更快樂嗎？那些得使用屋外茅房的人，並未花上時間渴望擁有抽水馬桶。他們已經習於目前擁有的事物，而或許他們的生活充滿了更多意義。妳說過，他們大多數的人都在農場工作。他們眼見種植的農作物冒出新芽、成熟豐收。他們更接近這塊土地以及事物的真正源頭。與在雜貨店購買一堆含化學物品和殺蟲劑的食物不同，他們過的是真正的生活。而且妳提到品質是嗎？那時有許多事情比現在更好。食物當然比現在更好，也更健康。只要想想在那些農家裡所有手工製的麵包就知道了。」

「不過我敢打賭，咖啡一定差很多。你能想像比生活中少了星巴克的更貧困生活嗎？」

「星巴克！他們是——」

「只是開玩笑的，雷蒙，輕鬆點。儘管自耕自食的感覺很不錯，但當農作物無法豐收，那可會讓你親近土地的快樂少了幾分。但你說到重點了。我不認為金錢會使你快樂。我想，一九〇〇年的窮人就像二〇〇〇年的有錢人一樣快樂。但那已經說過了，我不認為現代人願意回到當年的貧窮生活。而且我猜一般人——甚至是有錢人——在一九〇〇年當然會想活在二〇〇〇年，即使可能過著遠離大地、不時為人造物品充斥的生活。」

「就算妳是對的，一九〇〇年的窮人即使來到了當今更富裕的世界後，很快會發現，一切富裕的承諾皆是幻影。他或她會有一樣的麻煩、壓力，以及沮喪。」

「或許，但人們想讓自己變得更好。他們每件事都想得到更多。更多玩具，沒錯。更多汽車、更多冰箱、更多iPhone，以及更多的愛。更多的正義。還有更乾淨的空氣。更安全的生活。那些欲望的一部分就是幻影，一如你所說的。你得到更多，就不會感到滿足。在你贏得第一場溫布頓球賽後，你會體會這一切。那是你夢寐以求，肯定得到後必然會滿足內在那個渴望成功的自我。溫布頓！至高成就！然而過了一陣，你又會像現在一樣極力渴望、毫不滿足。但那樣的欲望要求的是更多，那種迫切渴望——會引領至偉大。它以失望和擊敗的面貌引領出勇氣、犧牲和堅忍。那是我們之所以為人的浩然之處。」

「但這個系統滿足了那種在各種不健康方式中的欲望動力。這個系統以社會壓力、廣告，以及不會實現的諾言刺激了那個欲望。若是少一些滿足那個欲望的機會，這個世界難道不會更美好嗎？若是那個欲望並非自由而失控的呢？當然，收入會更低。但或許我們會花更多時間聊天、談笑，還有更少的時間工作。而收入會更為平均。貧富差距會更小。我們會處得更和諧。與鄰居之間的感情更親密。」

「我也喜歡聊天和談笑。不然你認爲我現在坐在這張長椅上做什麼呢?」露絲一面繼續說著，雷蒙聽了大笑。「只有傻子才會窮盡時間想辦法愈來愈有錢。就像那句話說的——沒有人在臨終時希望自己花很多時間在工作上。但我認爲，貧富之間的差距並不如古今窮人之間的差距來得重要。」

「妳說的是什麼意思?」

「在史丹福吃頓晚宴，席間有錢的捐贈人由比最低起薪略高一點的服務生服務。捐贈人本身可能擁有噴射機，而服務生這輩子即使有機會常常搭噴射機，但往往也是坐在教練席上。捐贈者可能由司機開著私家豪華轎車接送他來此參加晚宴，而服務生的喜美汽車可能極爲安靜而舒適。有錢人穿著一千美元以上的訂製西服，但服務生則買得起百分之百羊毛材質、美觀大方的西裝。沒錯，捐贈者戴的手錶更名貴，但服務生的數位錶款可能更精準。除非服務生有機會參觀捐贈者的豪宅，否則他對自己較低的收入狀況不太會感到手頭拮据，就像他在一九〇〇年的情況一樣，有錢人乘馬車、窮人走路。那時有錢人衣著光鮮，而窮人粗布藍衣。有錢人不愁吃喝，而窮人經常三餐不繼。有錢人有僕人伺候，而窮人用洗衣板把襤褸的衣物洗淨，每天再花時間煮飯。今日，幾乎一半的窮人都有自己的房子。有半數以上有車或貨車。他們穿著柔軟棉質和羊毛的衣服，而且還有僕人。」

「僕人！教授，妳在說什麼啊？」

「叫我露絲就好。今天，美國幾乎有三分之二的窮人家庭有洗衣機。有半數以上還有烘乾機。三分之一有洗碗機。那些家電用品就是僕人，不是嗎？而且它們通常比傳統的僕人更值得信賴。有四分之三的窮人家庭有冷氣。在一九七〇年，美國有冷氣的家庭還不到二分之一。是的，今日高收入者是比十年前、二十年前，或是五十年前、一百年前高收入者賺得多。但其他人也一樣。如果你的生活水準提高了一倍，那麼其他人的也是，不平均的情況並未改變，但當然現在會好很多。我認為大部分的人都關心要比以前更好，而非關心他們是否過得比別人好。而且也為了要使他們的小孩比自己更好。以那個標準而言，美國仍是機會之地。看看你的根。看看古巴。」

「古巴不像美國那麼富裕，」雷蒙說。「我同意妳說的。但它是更公平的社會，那裡沒有像比爾蓋茲或一群靠大家生活的金融人士。」

「我並不認為那些人是依靠他人生活的。而且當社會沒有比爾蓋茲這樣的人物時，的確就會出現卡斯楚這樣的人物——我猜，他也值點錢。還有我敢打賭，和他往來密切的朋友圈中，大家也都過得很好。」

「但健保是免費的。教育也是免費的。我想那裡的識字率比這裡還高。」

「所以卡斯楚的守衛者認爲，那就彌補了在暴政統治下的生活。」

「我不爲暴政辯護。我聽到太多親戚說過太多的故事了。但妳顯然認爲美國人比古巴人更快樂。」

「的確，我不知道古巴人有多快樂。或者是美國人，就那一點而言。美國很大。但我知道一件事，這件事可能是唯一要知道的。」

「是什麼？」

「交通只往一個方向，就是到美國。沒有人想向南方游去，尋找工人的天堂。那難道不令人困惑嗎？我們總聽到美國人對待窮人有多可怕。但墨西哥和古巴的窮人卻冒著生命危險來到這裡過著窮人生活。冒死逃生！那是因爲他們知道，如果在墨西哥或古巴很窮，很可能他們一輩子都是這麼窮，而他們的小孩也會變成窮人。但在美國過著窮人生活，並非意味著一輩子都是如此。大家身無分文地來到美國，他們的小孩卻過著較好的生活。」

「妳的論點聽起來像我母親的說法。卡斯楚是邪惡的，而美國的每件事都是完美的。」

「你的母親就是我說的例子。她當年一無所有地來到這裡。而她的兒子，如果想選擇，卻可擁有一切。你母親騙自己認爲在美國的生活會比較好嗎？我同意你說的——這裡並非伊甸園。但難道你不認爲，她在這裡會比她在古巴得到更多滿足嗎？」

「但是在古巴，我母親的居住環境十分宜人。妳該聽聽她聊到朋友和生活的悠閒。小孩自在奔跑，玩上一整天也很安全。不像這裡。當然，那裡沒有很多好車或美食。但人們感情更親近，也沒人覺得和鎮上另一邊的人相比，失去了一些經濟優勢。邁阿密就不一樣了。她從未感到驕傲。她擔心犯罪。而且天哪，她是一名清潔婦！」

「我知道。看來就像死路一條。但你卻是她走到死胡同裡的唯一出路。就在我多方期待你成就非凡的同時，你其實和其他移民父母生下來的移民者並無不同。你會比你母親擁有更輕鬆的生活。」

「那很棒。沒有壓力，但讓我母親的生活有意義則決定在我。非常感謝妳。」

「輕鬆點。你已經是在照顧她了。你馬上就要從史丹福畢業了。史丹福耶！什麼，你會感到有罪惡感嗎？認爲都是你的錯，所以母親才無法待在古巴那個優美的環境生活？」

雷蒙沒有說話。

「那是她的選擇！」露絲繼續說道。「是她下的決定。她下的賭注。就和我母親一樣。她當年身無分文從波蘭來到紐約市，做裁縫討生活，讓人討厭又單調乏味的工作。當然，她會說些故鄉的浪漫故事。但就像你母親一樣，我認爲她修剪掉不好的部分。而且她在這裡所發現的每件事也並非如宣傳廣告所言，事實上充滿了艱辛的歲月。但我母親和你母親都來到這裡，忍受那些艱苦生活，因爲她們眼中看到了不同的獎賞與夢想、爲我和爲你的夢想。而那些夢想有些成眞了。」

「夢想之地？對妳我來說是好，但對太多人而言卻是噩夢。有時我認爲，我們都只不過是困在一個叫做『玩具最多的人獲勝』的遊戲裡。」

「我接受你部分的論點。金錢並非一切。但是是誰受困？五分鐘前你才告訴我，你不會像我的世代那樣崇拜金錢。我認爲你誤解了我的世代。但若你是對的，你會有更多權力。你可以過著國王般的生活，比歷史上任何眞正的國王過得更好。你也可以拋開一切名利，過著僧侶般的生活。而美國和古巴的不同就在於：在美國，你可以自由選擇；而在古巴，你卻得過著僧侶般的生活。還有，這樣的一生，臨終前眞的很難感到快樂。」

「我不能和妳爭辯那點，」雷蒙說。「妳的意思是什麼？」

「回溯到過去一百年中，因難產而死亡的比率慢慢減少。死於工作的可能性在過去一百年中也驟然下跌。而一般的平均壽命——則增加。我想這只不過觸及表面。你可能有辦法活到一百歲以上，甚至可能有機會活到兩百歲。我並非指在最後的一百一十年，你每天只是兩眼無神地坐在椅子上，因為什麼也記不起來。老年人的生活品質會不斷地變得更好。我們會過得更好、然後又更好。那是真正的富裕。」

「好，妳把我擊垮了。即使我喜歡長壽，但我甚至更願意承認喜愛我的iPhone。」

「那麼，這種情形是如何發生的呢？」露絲問。「我們如何從這裡到那裡？我們的生活何以變得這麼多？」

雷蒙並未回答，然而露絲卻繼續往下說。「你不認為這很奇怪嗎？在美國這個歷史上曾發生過最偉大經濟改革的國家，一般居民卻搞不清楚為什麼我們更富有？如果你有一隻會下金蛋的鵝，難道你不想稍微了解一下它的健康狀況嗎？我是說，住在西奈沙漠、依靠上帝供給糧食是一回事。也許你無需好奇每天早上出現多少新鮮的天賜食物。但如果我們想保存所擁有的、並持續產生這種令人驚嘆的經濟成功，居民對這件事如何成功運作難道不該有些知識嗎？」

雷蒙開始好奇他是否誤解了露絲・李柏和他談天的興趣。他原本以為她只想涉入。在她向他坦承曾迂回警告過他、離「狂風暴雨」遠一點後，繼續當他的益友。但或許，她就像海灘旁將沖上岸的海星丟回海裡的人。然後有人過來告訴她，這樣做不過是浪費時間，因為有太多被沖上岸的海星了，怎麼可能期待事情會有所不同？接著她說，那麼就對那一個海星做點改變，然後再把另一個海星拋回海裡。或許對她而言，他就是一個海星。她多一個可以教授經濟學的人。不過看來希望渺茫。那她何苦無事惹塵埃？或許那只是一種耽溺。因為艾咪說她相當熱衷教書。

「所以，答案是什麼？」雷蒙問。「我們該如何從這裡到那裡？」

「我們來看一個簡單的比喻，」露絲答。「一九〇〇年，學校老師必須工作一小時才能換得一打雞蛋。今天，要買一打雞蛋，學校老師約工作三分鐘即可。蛋價跌了二十倍。從前老師得工作一小時才能買得到的雞蛋，如今卻只要工作三分鐘。這些過程是如何演變而來的？」

「妳的意思是說，因為雞蛋變便宜，所以對學校老師而言，生活變得更好了？」

「我們提到現在一般人的生活水準遠比一九〇〇年高十倍或二十倍時，我們指的是一般人可以買到十倍或二十倍的東西。對於雞蛋的可負擔性不過是對於大部分產品和一些服務的典型例子。人們無需像從前那樣長時間工作才有能力購物。」

「那爲什麼用雞蛋做例子？」

「現在的雞蛋和一九〇〇年的極爲相似。它可能血跡少一點，蛋黃大一點。但並不像隨身音樂播放器變化這麼大。今天的雞蛋和昨天的非常類似，而教學技術也未改變太多。那麼老師如何得以輕鬆買到更便宜的雞蛋？」

「難道不是因爲現在的老師賺的錢比一九〇〇年多嗎？」

「是沒錯。而且雞蛋也變得更貴。但是薪水的增加卻遠大於降低雞蛋眞正價格的二十倍。今天，老師有較高的生活水準。那又是如何發生的？」

「可能工會做了一些努力，但工會卻無法成爲極爲重要的解釋，眞正的生活水準何以在過去一百年來，對大部分職業而言有著驚人的提升。過去五十年來，工會的存在可有可無時，薪資卻驚人的增加。接著薪資仍持續上漲。但十九世紀時並無工會，一般美國人的生活水準卻依然穩定上升。那一定有其他的因素在運作。」

「但沒有工會的話，是什麼使工人免受雇主剝削？」

「工人有選擇。有許多不同的工作地點。如果你想吸引好的員工，你就得善待他們。看看你的母親。你認爲她清潔房屋賺的錢怎麼樣？」

「並不夠。妳知道網球課學費是多少嗎？實在是荒謬可笑。妳知道她得掃多少廁所，我才有辦法上一小時的職業網球課嗎？那是我追求權力的測量方法。而就像妳的工作一樣，它並未糾正品質。我母親的工作時間是花在刷洗地板或廁所，而職業網球選手卻只是揮拍、說話。甚至不用彎下身來撿球！因爲有人會替他們做這些差事。這種景象的某些地方是不對勁的。」

「我確定她應有更好的報酬。但我們該如何從這裡到那裡？我不知道有什麼方法可以讓打掃工資變得更高、卻不會傷害你想幫助的人。」

「妳剛說的是什麼意思？」

「如果你基於清潔工工作應獲得更多工資的理由，而設有特定的最低工資，那麼你會讓那些想雇用他們的人卻步。最好的清潔工可能還是有人雇用。但若工資過高，有些人就會停止雇用清潔工。我不認爲那是一個非常深思熟慮的方法去幫助——」

「別提最低工資了。整個系統就是有瑕疵。根本毫無正義可言。」

「等等。如果你認爲清潔工被剝削，那麼他們爲什麼沒有被剝削得更多呢？做清潔工作的人視城市而定，每小時可領十至二十美元。爲什麼有人一小時甚至要付十美元讓別人來打掃家裡呢？那幾乎是最低工資的一倍。而在大城市，大家幾乎都付上最低工資的三到四倍。並沒有工會運作。這是未受規範的現金事業。爲什麼大家不付少一點？」

「因爲罪惡感？」

「總是有可能。但很多人都有良心。我卻有不同的解釋。大家付給清潔工高於最低工資是因爲不得不然。」

「我以爲妳說過這是未受規範的。」雷蒙說。

「對不起。措辭不當。我是說，如果你想找人替你打掃家裡，你得付出高於最低工資的錢，否則沒人會來。這些清潔工有不同的選擇方案，他們並未受困其中。哦，他們不像史丹福大學生那樣自由是沒錯。但他們亦非受上流社會的人掌控。回到一九〇〇年，一個清潔工一年可能賺二四〇美元，一天工作十二小時，一週工作六天。那時一小時工資約七分錢。一九〇〇年一打雞蛋卻要二十分錢。在一九〇〇年，一個清潔工約得工作三小時才能買到一打雞蛋。今天，一個清潔工一小時賺十美元，約付一美元買一打雞蛋。六分鐘！因此今日做清潔工作的人和一百年前的清潔工相比，雞蛋便宜了三十倍。那是如何發生的？不可能是工會。今日的清潔工和以前一樣都沒有工會。打掃家務的技術——或者說教書的技術——並未改變太多。在打掃家務的例子中，你拿些抹布、掃把和肥皂，然後清理。吸塵器是有點幫助，但打掃房子最主要的依然是靠許多勞力。而在教書的例子裡，老師則都是站在教室前方講話、走來走去，用紙張和書本。」

「那麼，改變是發生在蛋業的事。」

「看來如此。但是，蛋業如何改變呢？看看下蛋的技術。自創世之初即未改變。全都在雞裡面。你該如何改善？你餵雞吃飼料。它下蛋。你拾蛋。然後賣蛋。」

「你可以繁殖更好的雞，可以研究用什麼飼料餵雞長得最好。一定有一些改變生產力的方法。」

「當然。但最大的改變是，找出讓工人更有生產力的方法。」

「工人？」

「是的。雞下蛋。但由人從養雞場把那些蛋送到你家的冰箱。有人照顧這些雞群，撿蛋、把蛋放進容器裡。看看照顧雞群的工作和撿蛋——經營養雞場的工作。兩個人可以看管八十萬隻雞、每年下兩億四千萬個蛋。**兩億四千萬**！你能想像嗎？平均一位工人每年生產一億兩千萬個蛋。」

「那一定是很大的雞舍。」

「是的。但想像一下我接下來給你的作業。我一年後會回來。請在隔年給我兩億四千萬顆雞蛋。我會給你雞群和飼料甚至一些醫療用品，讓雞長得健康強壯。你可以找個朋友幫忙。你們兩個得找出一年讓雞下兩億四千萬顆蛋的方法。那不會太難。你要做的就是保持三百萬隻雞。」

「等一下。妳剛才說只有八十萬隻雞啊。」

「那些是健康、養在雞籠的美國雞群，有完美標準化的飲食、水分、暖氣，以及其他供給。但我不會讓你使用這些現代技術。你得用一九〇〇年的養雞方法，差不多是今日第三世界的方法。因此你需要四倍數量的雞。我還會給你一個大場地，一個養雞場，讓你的雞群四處奔跑。是個很大很大的養雞場。你和你的搭檔會站在這座養雞場，看著你們預期的三百萬隻咯咯叫的新朋友。雞群，如你所見，又飢又渴。牠們還會爭相打鬥。單是噪音就可能讓人受不了。我再告訴你一些要面對的考驗內容。為了達到一年兩億四千萬顆蛋產量的配額，你每天得撿拾六十五萬顆蛋。聽起來是個很大的數目，不是嗎？」

「是的。」

「它確實是一個大數目。即使你每秒鐘可以撿四顆蛋，一手撿兩顆，也不輕鬆。因為你得將蛋放入某種容器裡，而且無論你打算用哪種容器，馬上就會盛滿，這又會佔用你每秒鐘撿四顆蛋的速度。但即使你有辦法保持那樣的撿蛋速度，一天也得花上你四十六小時去撿到六十五萬顆蛋。要花**四十六個小時**。但那也沒關係。你還有位夥伴。所以你把撿蛋工作一分為二。那麼每人一天只要工作二十三個小時。每天留給你整整一小時用來吃飯、睡覺和記帳。哦，你還得擠出點時間餵雞，讓它們遠離疾病，再把死雞挪走。」

「我看得出來那是項頗有挑戰性的工作。所以，兩個人該如何在現代的情況完工？」

「在過去，甚至一百年以前，農夫會讓雞群四處奔跑。然後他到養雞場，看看有沒有蛋可撿。有人想到蓋間雞舍，所以起碼可以限定撿蛋的範圍。然後他們把雞放進雞籠裡，如此一來，要撿蛋變得更容易，而雞群也比較不會自相殘殺或感染疾病。接著，他們把雞籠放在地下空間、使其更為涼爽。他們運用地心引力原理，以傾斜的角度建蓋，以便傳送飼料和水。之後再利用機械化處理整個過程，減少人力支出，同時改善餵食和抽風設備的可靠性。他們用螢光燈，以更好更多的飼料餵養雞群，進而增加下蛋率。然後還要刮去做爲肥料的雞糞。他們甚至還試過幫雞戴上隱形眼鏡。」

「妳在開玩笑。」

「不，紅燈似乎有助於雞下蛋。所以他們試著用紅色的隱形眼鏡——給雞戴上玫瑰色的鏡片。不可思議，不是嗎？」

「眞是令人驚奇。整件事聽來對雞群相當辛苦。我在別的地方讀過，說是雞農會把雞喙剪掉。所以這裡是一群剪掉雞喙的雞被關在籠子裡。牠們是下蛋的囚犯。」

「或許這不是個美好的風景。它讓你感覺不舒服嗎？」

「沒錯。」

「市場確實顧及了你的不適感。如果你願意多付點錢，可以買到放生雞所下的蛋。那麼，再一次，你可能不想將雞群的生活浪漫美化。當有些人談到放生雞，他們想到的是像電影《眞善美》（*The Sound of Music*）裡茱莉．安德魯絲（Julie Andrews）在草坪上發出小鳥囀鳴的迷人旋律。他們看到的是不受束縛的雞，在農場裡到處奔跑。但是，眞正的放生雞卻是整晚擔心著郊狼襲擊，或是被虱蠅傳染疾病致死。此時就會有人性的結果。在第三世界，一隻正常的雞一年可下八十顆蛋，一週約下一顆多的蛋。而美國雞一年則可下三百顆以上的蛋，幾乎是一天一顆。如果你快餓死了，或者你的小孩正嗷嗷待哺，我想你會想要那些具生產力的雞，那些受到壓迫的美國囚犯雞，因為每天幾乎都可下一顆蛋；而不要那些讓人滿意、有著極高自尊的第三世界的雞，那種一週才下一顆蛋、在窮人家後院咯咯亂叫的雞。」

「很公平的說法。」

「因此，難題就在這裡。是什麼建立了生產更便宜雞蛋的一切知識方法？為什麼蛋農會想找出更有效的下蛋方法？」

「看來很簡單，」雷蒙回答。「如果你能降低成本，就可以製造更多利潤。我記得經濟課有學過。」

「那裡存在一個極大的謬誤推理。」

「妳的意思是什麼？當成本下降時，難道妳不會製造更高的利潤嗎？」

「這個就是謬誤推理。如果你能記住這點，就有機會成為相當傑出的經濟學家。利潤的定義是什麼？」

「收入減去成本。」

「沒錯。所以如果成本下降，利潤應該會增加。如果你從總收入減去更少的支出，利潤會更高。」

「我雖不是數學天才，但還能應付這點。所以弔詭之處在哪裡？」

「當你歸納出利潤會上升時，你正在做一個絕對的假設。你正做出收入屬於常數的絕對假設。」

「哦，當然。所以呢？當你降低成本，就會產生更高的利潤。我依然覺得這是對的。我遺漏了什麼嗎？」

「是的。你遺漏了成本與收入的關係。它們有兩種關聯。其中一個極爲明顯，另一個則隱而未現。有兩種降低成本的方法。一種是偷工減料、降低品質。使用劣等材質，以較少的品管製造產品，減少產品上花錢又華而不實的裝飾數量。你做出更低劣的產品。你得降低價格，而且可能會賣的少一點。因此，降低成本的同時也降低了收入。而利潤是否增加，則視成本的節約是否大過收入減少的數量而定。如果你打算以此方法降低成本，可能會倒閉。」

「但那並不是我們正在談論的降低成本，」雷蒙說。「我們談的是一種創新，可降低農夫的生產成本，同時為消費者保持平穩的雞蛋品質。那必須增加利潤。」

「對第一位或是頭幾位創新的農夫而言，是的。他們是做得更好。甚至有時還做得非常好。但當其他農夫也開始跟進後，蛋價就會下跌，利潤亦然。那只是時間早晚的問題，因為在追求太多蛋產量之前，卻有過少的消費人口。而當這種情況發生時，蛋價就下跌了。」

「為什麼市場上會出現過多的雞蛋呢？」

「因為那些基本利潤正鼓舞了一群新血投入產卵雞場的經營行列，想藉此與那些人一樣獲利。」

「但是，大家怎麼會知道，現在，養殖雞蛋有可能成為世界上最能獲利的職業？我怎麼會知道？我又沒看《蛋農公報》（*Egg Farmers Gazette*），裡面都是蛋農開著凌志（Lexus）和BMW的照片。這是我永遠無法了解經濟學的一點。我的教授會說，是因為利潤鼓勵大家去做這做那。但那是假設大家都注意到的情況下。可惜大部分的人並未注意。」

「並非每個人都得注意。即使無人注意，蛋價也會因為蛋供應量的增加而下跌。」

「那是怎麼發生的？」

「每位已有雞蛋養殖事業的農夫都會比以前賺更多錢。其中有些人、甚至全部的人都打算擴展。他們打算養更多的雞隻，然後賺更多的錢。當他們擴展後，市場上就會出現比以往更多的蛋，然後價格就會下跌。」

「但他們不會殺了下金蛋的鵝，不是嗎？如果他們全都擴展，蛋價就會下跌，蛋農便無法賺到原本以爲會賺到的錢。所以他們應該滿足現狀，不要擴展。」

「好主意。不幸的是，對蛋農和消費者而言，避免大家擴展幾乎是不可能的事。他們總會害怕其他蛋農在自己維持現狀時進行擴展，於是蛋價就下跌了。與其滿足現狀，取而代之的，是你必須滿足更少的現狀。所以，你也會跟著擴展。即使每個蛋農都不同意擴展，而且若每個蛋農確定彼此都會遵守不擴展的承諾，但還是會有其他非蛋農的人士打算採取行動。」

「我之前問過妳，他們怎麼會發現這種無可置信的機會？蛋農並不打算到處張揚。他們想要暗地進行。」

「但有太多人知道這件事的來龍去脈。而他們確實是圈內人，不是你和我，而是會以那些知識做點什麼的人。他們是眞正在產卵雞場工作、或從事與雞蛋繁殖工作相關的人。就拿蓋新雞籠的承包商來說好了，他們蓋著傾斜、位於地下的雞籠，以節省輸送飼料和水的成本。他們都知道取得雞蛋的新方法。他們會想把創新的想法傳開，以獲得更多業務。」

「我不知道。我想，找到賺錢方法的事業是很好的。」

「那是當然。但看看這最後一百年的情形。雞蛋如何端上你家餐桌，這個過程即已經過變革。蛋農用他們的巧思創意發現更新更便宜的產蛋方法。這些見解部分來自政府補助的研究——這些見解不只是蛋農的驅力。但有趣的一點是，誰自那些見解和生產力改善中獲得幾乎全數的好處？不是蛋農！而是我們！是吃蛋的消費者。蛋價下跌了二十或三十倍。蛋農並不希望以較低的售價達到那些節省成本的目的。他們要爲自己保持原有的價格，就像任何人會採取的手法一樣。但市場卻不會讓他們保留那些盈餘。蛋農之間的競爭迫使價格下跌，並迫使蛋農將大部分的好處給了我們。現在我終於可以告訴你，爲何讓諸如大盒子這種公司獲取那些利潤時，我還可以安然入睡。你在那堂經濟課裡學了供給與需求，是嗎？」

「是的。」

「你可以畫圖表示嗎？」露絲問道。

「那好像是幾個學期之前的事了，但我確實學到了一點東西。」

「這裡有紙筆。」她從皮包裡遞給他一本記事本和一枝筆。雷蒙迅速畫下供給曲線和穿過它的需求曲線。

「很好。那是每位經濟學家都會畫的曲線。曲線看起來像什麼字母？」

「像X。」

「沒錯。兩條對角線以反方向傾斜，在中間交會。現在請你告訴我。根據經濟學，是誰佔上風？是供給者還是需求者？是賣家還是買家？」

「沒有人佔上風，在所謂「完全競爭」（perfect competition）的情況下？」

「沒錯。在完全競爭下，交易的利益，即所謂的『貿易利得』（gains from trade），是由買賣雙方共同分享的。買家付出比願意支付的最高價還少的價錢。賣家則收到比必須維持生意最低額度還多的價錢。是什麼保護彼此免於被對方的貪婪所害？經濟學家稱其為競爭。在供給與需求圖形中有許多賣家，也有許多買家，故沒人有太多權力。現在，假設我們到了購物中心或戲院、人氣餐廳或大眾公園，問一般人——非經濟學家——同樣的問題：是誰佔上風？是買家還是賣家？你認為他們會說什麼？」

「是賣家。」

「我同意。大部分的人都會那麼想。所以，付出了什麼？經濟學家宣稱，賣家的權力受到競爭束縛。而美國人每一天無不認為賣家佔了上風。究竟誰對？」

「可能兩者都對。完美競爭不過是個理論，不是嗎？所以，它是錯誤的理論？」

「可能。那麼告訴我。若賣家在眞實世界中佔了上風，而且如果經濟學理論表示，權力是均衡分享，那為何會演變成雞蛋比一百年前只花了消費者二十分之一或三十分之一價格的局面呢？在一百年以前，雞蛋對窮人來說是貴的。如果你活在那個時代，你可能想要為此做點什麼努力。要讓雞蛋價格變便宜些並不難，但要製造更便宜的雞蛋卻難得多。」

「現在我完全搞混了。」

「我們可以在一百年前通過立法，強制低價雞蛋，設立價格上限。但那樣並不會眞正讓蛋價變得更便宜。那無法改變需要多少人才能生產一百顆蛋的事實。實際上，若要從製蛋中獲利，設立雞蛋價格的上限只會使人不敢從事製蛋工作。因此雞蛋雖然便宜，但只有極少數人才買得起。不知為何，我們在未強制較低價格的情況下，得到更便宜的雞蛋。而且不僅是蛋。在過去一百年來，製造者找到了實際上降低製造成本的方法。這個盈餘是以較低的價格傳遞至消費者手中，而非讓供應商擁有較高的利潤。為什麼會變成那樣？為什麼平均的美國人——而非最有錢的美國人——可能比一百年前好十倍？而且可能還好上二十或三十倍之多。那些貪婪的生意人和企業巨擘怎麼會任其發生？」

「我放棄了。」

「公司老闆和大人物總裁決定了以仁慈的姿態，好讓消費者喘息嗎？」

「我懷疑。」

「他們有喪失競爭優勢、放低姿態嗎？」

「我也懷疑。所以他們爲什麼那樣做？」

「所有的那些企業和總裁在過去一百年來都喜歡較大的利潤，但是競爭卻迫使他們放手。他們並未負責決定誰該得到什麼。每位總裁只是負責自己的公司，但卻沒有一個人負責整個系統。它意味著價格視竭盡全力的個人行爲而定。諷刺的是，或許，那意味著消費者勝利，即使在貪婪企業老闆的世界中亦然。」

「所以街頭上的男女是錯的，經濟學家才是對的？」

「不，經濟學家也是錯的。如果照經濟學家的立場，你是指供給與需求是取得長期情況演變的方法。沒有一些創意的花招手段，要奪取美國經濟每一刻每一角落的眞正競爭，就會是個差勁的工作。這幅全景缺少了爲追求卓越而永無止盡的努力，亦即市場會要求賣家，迫使他們降低成本。接著出現的是較低的價格。再來則出現了較高的生活水準。」

「妳是說大家解決一些問題，然後那會讓我們更富裕。」

「比那些還多。」露絲看看錶。「對不起，我還有個會議。或許我們找些時間再聊吧。」

「晚上見。」

「晚上？」

「妳晚上不是要和學生一塊吃飯嗎？艾咪邀我一道去。沒關係不是嗎？」

「當然。」她說。她告訴過學生可以攜伴參加。

「反正你屬於那裡。你現在是我的學生了。」

她眨一下眼，然後走了。

8 墳場之夜

卡斯楚的健康狀態，在首都和鄉間謠言四起，傳得沸沸揚揚，方興未艾。這是首都老掉牙的消遣，人人參與，以排憂解悶。不過這回，有些傳聞顯然成真。同時伴隨著無數傷心欲絕之事，件件嚴重影響心臟功能。癌症和化療此時也來湊熱鬧。肺部已發生感染，正以藥物處理中。腎臟衰竭，不想再齊心效力。

在這些頹壞崩塌的表面下，還有治癒的希望嗎？領導人的龍體宛如在冰路上行駛的汽車，每次朝向溝渠的打滑，都在惟恐開往逆向車道的方向盤猛力一拉中回應。每位醫生人手緊握方向盤，而每個希望安穩行駛的誠摯祝福顯然太遲，車子駛向漸漸幽暗的盡頭。

除非出現奇蹟或是咒語，否則只是時間早晚的問題。

露絲・李柏住在靜謐的帕羅奧圖街上，位於艾爾卡密諾（El Camino）東側的史丹福校園南方。房子不大也不小——這幢房子在美國中西部或南部的中型城市裡，可能值二十五萬美元，不過在帕羅奧圖，那可就值錢多了。

每年露絲在學生大四研討會結束之際，總會邀請他們到家裡吃晚餐。後院放了一些白色木椅。長桌上的盤子盛著烤雞、馬鈴薯沙拉、涼拌高麗菜，以及菠菜沙拉。同時也爲素食者準備了烤蔬菜和豆腐。而在另一張較小的桌子上，則放著一個擺滿了汽水和瓶裝水的大冰盒。

露絲・李柏當晚會在攜伴前來的學生間來回穿梭，確保大家玩得開心、吃得盡興。她還會特別把隨伴前來的朋友拉開，好讓他們和更多人打成一片。

夜幕低垂，庭院的人潮逐漸散去。喧鬧的人聲愈趨安靜，很快地，只剩下雷蒙和艾咪還有少數幾人。雷蒙看看錶，發現九點剛過。

「該回去了，」他說著。「我們開始收拾吧。」

「別管這些。」露絲制止他。

但雷蒙並未理會，仍開始將散落草坪各處的椅子收齊並放好。艾咪則把剩菜端去廚房。

其他人見狀亦迅速動手幫忙，沒多久，便把所有垃圾及食物都清理乾淨。

剩下的客人和露絲擁抱道別，要她答應在畢業典禮上和他們的家長見面。之後只剩下雷蒙和艾咪。雷蒙站在門邊，準備要離開了，卻看到客廳後有個房間，書桌上有盞燈亮著。他帶著好奇走向門口。靠著單面牆的是一張厚重的橡木桌。角落則擺著一張皮革靠椅。

「我先生肯尼的書房。他四年前過世了。」露絲在雷蒙旁邊說道，艾咪也跟過來。「它不是祭壇。我把大部分東西都清掉了。只有傢俱維持原狀。我喜歡讓他房間的燈亮著。」

書桌後的牆上掛滿了露絲、她先生、小孩和孫子們的照片。露絲指著住在聖路易市的孫子們照片，艾咪遂告訴雷蒙那個神經質爸爸和奔至加油站的驚奇情節。然後艾咪瞥見書桌上整齊排列著看來像大型骨牌的東西，好奇著這些東西的由來。

「這些是什麼？」她問。

「拿一個，」露絲說。「看看是什麼。公司要上市時，證券承銷商通常會在《華爾街日報》或其他地方登廣告，向世人宣布這樣一家公司要上市了，然後再加上一些細節說明，例如股數等。」

「什麼是證券承銷商？」

「協助公司上市的投資公司會寫一些企劃書，然後把它賣給券商，券商再把它賣給投資大眾。肯尼的工作就是協助這些過程中的每個環節。那些是他曾經孕育和參與的公司。因此這些公司上市後會給他一個紀念品，也就是嵌在壓克力上的廣告微型文案。這是一個慣例。他把他的桌面稱爲墳場。」

艾咪看來一臉茫然。

「他仍在世時，」露絲繼續說著。「這裡比現在亂多了。四處充斥著紙張、書本和便條紙，這些東西有時因爲匆忙清理，才有可能重見天日，否則會這樣一直沉睡下去。但另外的理由是，那些廣告叫做『墓碑』。這是何以他喜歡把它們排列得整齊精巧的原因。但你得了解，稱它爲墳場的確相當諷刺。他們不該稱這些東西爲墓碑，應該叫做誕生宣言才對，因爲一間公司上市時，即是你了解夢想眞正成眞的時刻。」

「所以他應該稱它爲產房，而不是墳場。」艾咪建議。

「肯尼會喜歡這個點子的，」露絲微笑說著。「那很讚。他公司其實算是某種孵化器。他喜歡桌上放著這些東西，好提醒他爲何得忍受一切的繁瑣公文，投入瘋狂的工作時間，以及創辦一家公司所經歷種種峰迴路轉的過程。你從早到晚埋頭苦幹，到最後會忘了初衷。」

雷蒙此時想說些什麼，但忍住了。露絲知道他在想什麼。一切都是錢，不是嗎？露絲看得出他臉上透露的表情。

「艾咪，妳能給我其中一塊墓碑嗎？」

「有哪一個比較特別的？」

「沒有。隨便挑一個，沒關係。」

在艾咪眼裡，所有的墓碑看來都一樣，像一副牌大小的壓克力塊。每個墓碑都包著一頁縮小的報紙，上面印著許多小字。艾咪隨便抽了一個遞給露絲。她微笑著。

「這個不錯嗎？」艾咪問。

「是的。每一塊背後都有一段故事。但妳挑了一個好的。」

露絲坐入課桌椅，並把椅子轉過來。雷蒙和艾咪則選了角落靠椅前的皮革矮凳，並把它朝向露絲。兩人與她面對面坐下。

「華森實業，」露絲拿起壓克力塊朝雷蒙和艾咪說道。「湯姆．華森和我先生共事過的許多人一樣，是個喜歡動手做東西的工程師。同時就像他們多數人，付出了昂貴的代價自立門戶。當然，自己當老闆很不錯，有時還有機會大賺一筆。但相對的，也要擔負極大的風險和壓力。大部分位於這些墓碑之後的人，花上畢生所有心血，為公司鞠躬盡瘁。我的意思是指他們所有的一切。所有的金錢。所有的時間。所有的想像。所有的熱情。若你有家庭，其實留給你配偶或小孩的時間並不多。留給你自己的可能亦所剩無幾。」

「就像妳前幾天告訴過我的一樣，」雷蒙說。「沒有人在臨終時希望自己花很多時間在工作上。」

「沒錯。」

「那不就在墓碑上反映了不同的觀點嗎？這裡有如此多男男女女奉獻一切。究竟為了什麼？為了錢？還是為了上市？」

「但是雷蒙。你告訴過我，你不是為了錢打網球。」

「是的！」

「我相信你。所以你們大家都知道，金錢與熱情結合，並非意味著熱情源自金錢。」

「但有熱情就有迷戀。妳讓它聽來像是創立這些公司的人都很瘋狂，起碼其中大部分的人是如此。」他不禁想著，那些將其一生奉獻給公司、而非朋友和家庭的人，有些地方是不對的。

「我知道它看來像是某種令人毛骨悚然的計分板，」露絲說。「但這其中還有更多的故事。看到這塊嗎？」露絲從桌上拿起一塊壓克力骨牌問道。「這家公司開發了全新系列的單車安全帽，因爲太酷了，小孩愛得要死，巴不得戴在頭上。正當其他人忙著成立保證改變世界的最新網際網路公司，一家單車安全帽公司卻要募款，其難度可想而知。創立這家公司的女性，當初在成立公司與保持生活中其他事情正常運作的同時，有過一段艱辛歲月。但起碼她提醒自己，她是在幫助小孩保護自身安全。基於這點，至少你能想像爲了某些事情而值得犧牲。」

「當然，」雷蒙同意。「但像湯姆．華森呢？」

「那是爲什麼我喜歡你選了華森實業。華森實業並非一家打造更安全的兒童環境，或以一些新基因治療來治癒愛滋病的公司。湯姆的公司本身沒有什麼浪漫色彩。他們只是製造一些用於路由器或伺服器裡的硬體。我不記得那個專有名詞。反正是和網際網路的骨幹網路有關。含有一個小『h』的硬體。甚至不是什麼新磁碟機，或是那種放在口袋、掌管工作行程的同時，還能沖泡香醇咖啡的古怪小玩意。如果電腦公司需要購置用品，它比較像是你會在家得寶找到的東西。你能想到一些較不具浪漫色彩的產品嗎？有時我會嘲笑湯姆，說他公司的名字應該叫做小玩意實業才對。「小玩意」（widget）一詞是經濟學家在我們不願想出一個眞正例子時所用的字眼。就只是代替『東西』的可笑名稱。可見他的產品有多枯燥乏味。」

「但是網際網路的骨幹網路裡有很多嚴謹結構。所以我猜他做得還不錯。」雷蒙說。

「他是做得不錯。但即使你像湯姆一樣，發想的創意有個漂亮的全壘打出擊，事業仍有許多起起伏伏。其實他很多設計是失敗的。當他終於在設計後期成功時，依然面臨無數冒險考驗。你本以爲可望拿到一項讓你財源滾滾的大合約，結果卻錯過了提案的期限，因爲精打細算資本，故公司人員短缺。而你需要的組件並不會及時到手，因爲你是全新公司，尚未建立可靠信譽。還有一些必要、但完全毫無概念的許可申請，因此到了該開張時，工廠卻無法運作。有一百件事情出錯。接著變本加厲成了一千件。同時還得考慮利害關係。每一次挫折都讓你身心煎熬，但你卻不能將那些焦慮向外界顯露。否則員工可能另謀高就，投資人可能止付下筆基金。每件事都必須面面俱到、無可挑剔，進而精益求精。你甚至不能讓他們看見你冒汗的神情。」

「聽來像個噩夢。我猜是致富的機會讓一些人繼續向前奮鬥。」艾咪說。

「是錢的因素。你在桌上擲出骰子贏了十美元可能很開心。但賭注同時加上生命、婚姻和聲望地位則會更有趣。有趣這個用法不對。或許——」

「令人振奮欣喜？」艾咪建議。「這是中年危機的終極治療嗎？就像我爸爸買了一台ＢＭＷ敞篷車一樣。」

「沒錯。金錢讓人興奮。但不妨換個角度來看。如果你現在或未來過著冒險患難的生活，多賺點錢豈不更好？只是除了錢，還有更多事情需要處理。這期間有很多企業家會來和肯尼討論事情，有時在期限前一直談到深夜，而在肯尼講完電話或批完公文後，我會和他們聊天。我認為他們和我說話的方式，不像他們會對配偶、投資人或朋友表現的一樣。他們曉得，如果我感覺他們看來脆弱或害怕或者如何，並不會因此而評斷他們。」

「看來比較人性？」雷蒙說。

「沒錯。或者說只是顯露人性的一面。湯姆．華森當時一定有好多次為了各種原因來家裡。我們都會聊一下。但我永遠不會忘記的是其中一段美好時光。有個週日晚上，一切事情終於塵埃落定後，湯姆來家吃飯。每件事都稱心如意。每件事都——」

「什麼如意？」雷蒙問。

「稱心如意。ＯＫ的意思。一切順利進行。工廠終於開張，雖比預計晚了三個月，但還是如願開張。而生產的小玩意製造完成後送至顧客手上。訂單如期交貨。湯姆帶著妻子前來，他可是在經歷這些之後婚姻依然倖存的幸運者之一，然後我們四人坐在桌前。就像你想的，大家都很興奮，只有湯姆顯然是興奮過了頭。他不斷說著工廠和他們在第一週做了多少部件，第一個月做了多少，然後是第一年以及接下來的時間等等。他又說了他在生產線上增加多少新產品，豪華的小玩意、附感應裝置的小玩意、有思考能力的小玩意、可自行修復的小玩意。最後他太太說話了，『湯姆，我們可以談些別的吧？』她微笑表示，不過氣氛有些緊張。他咧嘴笑了，態度溫馴，遂才安靜下來。」

露絲想起了那晚的情形，悵然若失了一會。然後她繼續說道。

「那晚，在吃過晚餐、喝了一堆香檳之後，湯姆和我獨自坐在桌前一會。他太太那時一定去上了洗手間，而肯尼八成在廚房準備點心或弄些什麼。湯姆望著隔桌的我，輕聲說著，『我有個東西要給妳。把妳的手伸出來。』我喜歡湯姆。我好喜歡他。那晚我真的很替他開心。可是我幾乎無法把手伸到桌上。因爲他的語氣背後充滿了不明所以的緊張，而他的眼神卻如此震懾，就算他那時在我手中放的是迷幻藥我也不會訝異。不知爲何，我還是把手伸出來，他眞的在我手裡放了一個像金子的東西，手指握在我的手上。你會以爲他給你的是聖杯或是價值連城的寶石之類，然後要我離開老公跟他遠走高飛。當然啦，那不是顆鑽石。」

「是個小玩意。」艾咪安靜地說。

「沒錯。它是個小玩意。」

「我猜他對此相當引以爲傲。」艾咪說。

「當然。我並不怪他。我知道那個金屬片花了他多少心血、金錢、時間和精力。他生命中的絕大部分都投入在這個金屬片上。我知道他非常辛勤維護他的婚姻。他的健康甚至也受到影響。所以我問他一個我一直想對達成目標、成功倖存者問的問題。那就是：値得嗎？」

露絲停頓了一會，陷入回憶。

「那他怎麼說？」雷蒙問。小房間裡寂靜無聲，他聽見時鐘滴滴答答的聲音。可是露絲卻只聽見她先生在廚房忙裡忙外的聲響。

「他說了一些我永遠忘不了的事。他並未直接回答我的問題。相反地，他說，『我看到第一個從生產線上做出的成品時，』他停下來，想著接下來的措詞。『我想到的全是我父親。他兩年前過世了。眞希望他現在還活著。我的父親啊！我甚至不喜歡他！』而我只是坐在那裡，不知該說什麼。接著肯尼和湯姆的太太也回到位子上，因此這個時刻就過了。但那晚接下來的時間，我不斷想到湯姆和他父親，一個他『甚至不喜歡』的男人。他為什麼會說那些？」

「或許他父親曾經告訴他，他一無是處，」艾咪說。「他想要證明父親是錯的。或許開公司就是湯姆屠龍的方法，戰勝他對失敗的恐懼。」

「或許吧，」露絲說。「但它不可能是整件事情的全貌。你眞該聽聽他提到父親時那種渴望的聲音，以及他竭力抑制的情感。」

「那麼妳的想法呢？」雷蒙問。

「我認爲他明白父親在他心裡留下的影響。即使湯姆並不喜歡父親，他仍想和父親分享他的榮耀。他想獲得父親的認可、尊敬，或許還有愛。我認爲湯姆視他的成功就像某種瘋狂的償還方式。他的自我已準備就緒，接著擲了骰子，然後他贏了。我認爲這在某種我始終無法理解的方式中是值得的。但我確實了解一點，當一切苦盡甘來，第一個小玩意製造問市時，湯姆心裡想的並非他會變得多富有。我不認爲金錢和那之間有多大的關係。」

艾咪手中不停轉動這塊壓克力板。雷蒙安靜坐著，若有所思。露絲好奇，雷蒙是否想起了自己的父親，那位他幾乎一無所知、卻必然在他心中留下某種鬥志、奮鬥和好勝驅力的父親？他想像的是父親未曾親眼見到的勝利嗎？

「就是那個，」露絲指著角落書架上放著的一個打磨發亮的金屬片說道。她拿下來遞給艾咪。「就是這個小玩意。沒有人在臨終時希望自己花很多時間在工作上。但每個人臨終時都會後悔夢想飛逝。那是一片金牌，不過我看到它，卻只想到一個人和他的夢想。」

屋內某處的時鐘響了。

「十一點了，」雷蒙說。「我們該走了。對不起，我們待得太晚。」

「沒關係。我喜歡有個待在這房間的理由。」

雷蒙和艾咪漫步邁向深夜的街道。露絲則走進餐廳，選了一只精緻蝕刻的水晶杯，給自己倒了杯 Lagavulin 威士忌。然後她走回書房，把那張佈滿大片皮革的凳子挪到座椅前。人靠著椅背，把腳放在凳子上。露絲·李柏喝完酒後，關了她先生桌上的檯燈，進入夢鄉。

9 萬物代價

卡斯楚的健康狀況愈令人沮喪，醫生的竭力搶救就更顯得雜亂無章。大家在表面上裝模作樣，白袍底下各個卻心知肚明，一切只是時間早晚的問題。他們束手無策，但已想到全新無畏的世界即將來臨，一個截然不同的世界。一夕之間化敵為友的世界。一個天壤地別的世界。

隔天早上，雷蒙．費南德茲在史丹福操場跑完好幾圈後，赫然見到露絲．李柏靠在操場旁的矮牆，彷彿在等他。她是在等他嗎？

「嗨，露絲。昨晚謝謝妳的招待。」

「不客氣。你該娶那女孩。」

「艾咪？」雷蒙大笑。「妳是說眞的嗎？」

「這有什麼好大驚小怪的？她是不可多得的稀世珍寶。而且，我注意到她望著你的神情，還有你看著她的樣子。」

雷蒙又笑了。

「露絲，在我結婚之前，我想應該先搞清楚我長大後要做什麼。」

「你已經是網球好手了。我個人可以擔保，你的球技好得沒話說。而且我還聽說你後來的幾場比賽表現相當傑出。」

「我可能不像我想像的那麼好。我可能心力交瘁。膝蓋可能操勞過度。我只不過是個大家等著看是輸是贏的人。」

「這句話不錯。」

「那是我媽說的。她喜歡提醒我，所以我才會花點時間念書。」

露絲微笑不語。

「而且，」雷蒙繼續表示，「即使一直贏球，能贏多久？十年？不打網球後我也需要過日子。那又會是什麼生活？」

「我想你無論打不打網球都可以隨心所欲過日子。你現在不必眞的找出答案。」

「我知道。可是艾咪的未來目標卻截然不同。她打算念生物研究所，還考慮念醫學院。我只是個鄉下小伙子。她父親，天哪，竟是位堂堂議員。而我媽只不過是個清潔婦。」

「努力奮鬥扳回一切！」

雷蒙第一次見到露絲眼中流露的怒火。她緊握著他的肩，手中傳來的力道著實嚇了他一跳。「努力奮鬥扳回一切！你母親並不是個清潔婦！她是個有智慧的女人，才能把你教得思維清晰、睿智聰穎。千萬不要被一個人的頭銜而混淆了此人的身分或價值。這兩者之間毫無關聯。」

雷蒙靜靜站著，頭低低的接受她的訓斥。

「那麼你父親呢？」露絲繼續表示。「我後來上網查了你父親的資料。你父親所擁有的生活和榮耀以及才能，遠超過一大堆議員的成就！」

雷蒙抬起頭來。

「我幾乎不記得他了，」他語氣溫和地說。「但我知道他的成就，以及他在古巴人心中所代表的意義。」

「對不起，雷蒙。我說得太過分了。我實在沒立場這麼跟你說話。」

「不，妳是對的。我不該那樣形容我媽媽。實在是說者無心。因爲去年夏天，我登門拜訪了艾咪家。」他停下來，不可置信地搖著頭，想起了她父母在喬治城的氣派豪宅。「那樣想是有點奇怪——」

「什麼？你母親到過艾咪家？艾咪父母也去了邁阿密看你們？」

「嗯。」

露絲沒再多說。雷蒙再次謝謝露絲那天的晚餐，然後走向網球中心更衣淋浴。露絲坐在大樓前的長椅上。她看看錶。離十點還有五分鐘，她得開會。她想了一下行程。與一位校友的十五分鐘諮詢，討論工程學院的募款事宜，對方需要她的協助，以喚起潛力捐贈者的注意。接著是和文理學院院長開會，策劃確保大盒子繼續捐贈的下一步驟。再來是和她也名列董事的慈善單位共進午餐。下午還有件要務。她想不起來正確的時間，但知道是下午稍晚的時候。她往後靠，伸伸懶腰。頭頂上方剛好有太平洋橡樹的遮蔭。遠方的丘陵一片翠綠。她閉上眼睛休息了一會。若她加快腳步，是能及時趕回辦公室和那位校友見面。但她不想起身。她找到皮包，把手機關了，深呼吸後，放空思緒，隨著綠色丘陵上那些飄浮的雲層四處游移，然後靜待。她可能不會因此被炒魷魚。可能不會。

「妳還在這裡。」十五分鐘後，雷蒙走出來見到她說。

「今天很閒，」她撒了謊。「我只想曬著太陽、聞著空氣的清香。把一切都視爲理所當然是不應該的。我盡量不這樣認爲。」

「的確如此，很高興妳在這裡。我正想問妳昨晚我們談過的一些事情。今天眞的沒事嗎？妳可能——」

「沒問題，我總是有點時間談談經濟。」

雷蒙眞的很想問她，爲何要跟蹤他運動、上網查他父親的資料，還有花這麼多時間跟他在一起。在近畢業典禮前，她眞的這麼空閒嗎？所有的這一切，包括看來的偶遇、對話、出席活動，他認定都只是爲了要讓他在畢業典禮上的致詞內容變得不慍不火。那是典型的露絲・李柏。與其直接禁止他上台演說，或是以悲慘不幸的後果做爲威脅，露絲打算以昨晚那樣的對話引起他注意、進而成功達到攔阻目的。

「有關那個男人和他的小玩意——」

「湯姆・華森？」

「對。就是湯姆・華森。那是個美好的故事，但妳眞的相信金錢與激發他上進無關嗎？妳眞的相信人們是因爲發自內心的良善，或讓父親印象深刻的熱情而有所爲嗎？難道經濟學家不認爲金錢是很大的激勵誘因嗎？」

「我並非斷然表示金錢不重要。大家會想到有沒有A或B的動機，是這個還是那個因素。但那並非人們行爲表現的眞正原因。我就是個很好的例子。我愛工作。我愛教書。我樂意成爲卓越大學的一份子。我愛和學生聊天。我愛我的工作。但如果他們沒付我薪水，我可不會出現在校園。」

雷蒙微笑聽著。

「這段話是我抄襲另一位經濟學家的，」露絲坦承。「它掌握了經濟學家如何看待動機的思維。它是多重面向。我們關心金錢，同時也關心工作的其他層面。算了，忘掉我說的這些。看看你。我敢說你一定會是個厲害的假蠅釣魚（fly-fishing）高手。爲什麼你不像練網球那樣，多花點時間在假蠅釣魚上呢？在你努力成爲世界最偉大的網球好手的同時，說不定你原本極有可能成爲最厲害的假蠅釣魚高手呢！」

「那很荒謬。太可笑了。」

「但是，爲什麼？」露絲反問。「那很荒謬，是因爲即使你是最好的假蠅釣魚高手也不重要。可是，如果你是最棒的網球好手，就眞的很重要嗎？」

「對我而言很重要。」

「爲什麼？」

「因爲我愛網球。妳無法想像站在球場中央的感覺、比賽即將開始的感覺，以及觀衆隨著每次發球得分熱情歡呼的感覺。」

「可是要是沒人看球賽呢？如果沒有獎盃呢？沒有觀衆？打網球還會那麼有趣嗎？」

「我猜不會。」

「假蠅釣魚其實就像這樣。它或許是個心曠神怡的體驗，但和打球並不相同。我其實很喜歡假蠅釣魚。小時候，父親教我如何用假蠅釣魚。那經驗眞棒。但我卻花了更多時間在經濟領域上精益求精。你也一樣。我相信你也有一些喜歡的享受，但並無金錢報酬。像是讀詩、聽爵士樂、和朋友吃晚餐時聽了好玩的事一起大笑，那些令人愉快的一切。但是把認眞的時間用在有報酬的事物上也很不錯。」

「聽起來非常唯利是圖。」

「金錢是一回事，我強調的是『一回事』，是激勵人的一件事。當獎金只有目前的一部分時，你可能還是決定當一名網球選手。即使高爾夫球選手賺得比網球選手多，我也不會告訴你改打高爾夫球。我總在最後一堂課告訴學生，不要用金錢的標準選擇第一份工作。但我卻不會告訴他們選擇薪水最少的工作。因爲沒有金錢和它所提供的動機，我們根本不知該如何服務人群。」

「妳在說什麼？」雷蒙聽到這種涵意不清的宣言極爲困惑。

「跟你說個故事好嗎？」露絲問。

「我能阻止妳嗎？」雷蒙微笑回答。

「大衛・康菲爾是我先生共事過的另一位企業家，是個聰明絕頂的以色列人。他開發了一種雷射治療，可以直接破壞人體動脈中的血小板，而無需在胸口劃上一刀，進行開心手術。這種治療雖非適用於每個人，但只要有效，則堪稱奇蹟。這家公司歷經任何醫療儀器公司都會面臨的一般挑戰。他們失去資金，大衛則幾乎喪失經營權。食品藥物管制局頒發的許可似乎遙遙無期。慢慢地，公司總算在較不具說服力的臨床試驗後，出現了一些看來大有可爲的初期成果。最後一切水到渠成，交出了首張成績單。經過近二十年徒勞無功的付出、歷經一切悲喜交集、大起大落，公司終於上市，每位員工起碼都發了點小財。大衛賺得最多。不料有天晚上他到家裡來，整個人看來十分沮喪。他以不假思索的態度，坦承他得了肝癌，對於病情完全束手無策。他只剩下幾個月的生命。」

「我的天啊。」

「不過讓他沮喪的倒不是英年早逝，而是他所謂的浪擲生命。他將人生最後的二十年花在專注唯一的目標，就是公司上市以及賺大錢：功成名就。他之前到底在想什麼？相形之下，湯姆．華森的例子就好很多。大衛的兩個小孩業已長大成人，但他對孩子幾乎一無所知。他的妻子離開了他。他將畢生精力全數投入公司。到底爲了什麼？是爲了他開的瑪莎拉蒂（Maserati），以及停在車庫的蓮花跑車（Lotus）嗎？或是爲了太浩湖（Lake Tahoe）畔的房子嗎？他身後留下的究竟是什麼遺產？現在則發現一切都太遲了。」

「沒有人在臨終時希望自己花很多時間在工作上，」雷蒙幾乎是對自己說。「這故事很悲慘。能說什麼呢？實在無話可說。」

「我們也這麼認爲。後來肯尼和我們一位朋友彼得聊到這件事，他是歷史系的研究員，罹患心臟病，也是首批接受大衛雷射治療的人。我們告訴他，大衛將不久於人世。也許他可以送張卡片，讓大衛知道雷射治療對他的意義有多重大。可是彼得卻和妻子邀請大衛到家裡吃晚餐。大衛雖然表示，要請他們到市中心最精緻的餐廳吃飯，但彼得卻堅持要請大衛到他家裡用餐。」

「後來呢？」

「這也是隔天晚上他來告訴我們時，我們問他的話。他說那晚還不錯，如果你可以把連哭三小時的情形稱爲不錯的話。」

「到底發生了什麼事？」

「大衛那晚帶了一瓶頂級好酒到訪，以爲會和彼得及克勞蒂亞在家中度過一個寧靜的夜晚，卻沒想到他走進了一個有四、五十人出席的晚宴。當晚有彼得歷史系上的同事、教會的朋友，兒子也從洛杉磯飛來參加，女兒則遠從波士頓趕來。另外還有甥姪輩、研究所學生等。人群川流不息，吃喝交談。接著他們讓大衛坐在客廳的椅子上。大家輪流站起來，熱淚盈眶地描述，安然健在的彼得對他們而言有多重要，彼得是他們的朋友、老師、父親，以及丈夫。如果你還想知道更多，那天晚宴結束時，大家還發表感言，後來也到了大衛回家的時間，屋裡的男女老少紛紛來到大衛跟前，給了他畢生難忘的擁抱，然後用英語說了兩個最神奇的字：謝謝。」

「眞美。」

「大衛告訴肯尼和我那晚的經過時，不可置信地看著我們，不斷搖頭。他眞的無法想像自己確實達成了目標。」

「他當然知道。他怎麼可能不知道？」

「那你呢？雷蒙。你可曾想過有多少人愛看你打球，並從中獲得無窮樂趣？」

「沒眞正想過。我只知道我有一些球迷。」

「不只是一些。但你有多常想到他們看你打球時所感到的快樂和滿足？我問過大衛，在過去一年中，他公司的雷射治療過多少患者。他嗆到了，幾乎想不出答案。最後他低聲說道，超過四千名。我知道他在想什麼。他想的是四千個擠滿親朋好友的客廳，大家爲珍愛的人仍能活得稍久一點或者活得更久而雀躍欣喜。利潤驅策了大衛・康菲爾創造出那樣的人性快樂、喜悅，以及感激。那並非他良好的初衷，亦非他的自省，坐在那想著如何讓這個世界變得更好。我很高興他並未花時間研究假蠅釣魚。每年四千名患者的親朋好友想必亦然。」

「所有的經濟學家都是爲企業說話是嗎？」

「什麼意思？」

「因爲妳總是提到高利潤有多棒。所以，所有的經濟學家都是爲企業說話是嗎？」

那天是雷蒙第二次發現露絲亟欲抑制情緒。鮮少有事情會讓她感到挫敗，然而別人誤解她對商業和利潤的想法卻使她沮喪不已。她並未立即回答，反而深深吸了口氣，讓自己冷靜。

「我並非爲企業說話，更別說利潤了。高利潤本質上並沒什麼好處。」

「可是妳剛才說——」

「那是盈虧系統。我要不好的企業、營運不善或不守誠信的企業失去金錢，讓其他人更能善用開放的資本與資源。大部分像大衛・康菲爾這種企業家失敗了並沒關係。就讓他們失敗吧。我不要一家公司的高利潤是人爲造成，進而讓更多資本流入那家企業。這是何以幾乎所有的學術經濟學家、包括我自己，都反對給予公司福利的緣故。政府應該停止由納稅人和一般消費者付費，以協助蔗農、玉米農，以及鋼鐵製造業者。就讓公司彼此自由競爭，適者生存。因爲，是利潤的紅蘿蔔和虧損的棒子創造了財富。而紅蘿蔔和棒子惟在人們以價格衡量事物的價值時才有其意義。缺少了價格和盈虧的激勵，你無法得知何者爲眞正具有價值之物。好不好玩？」

「什麼？」雷蒙說。

「王爾德（Oscar Wilde）說過，憤世嫉俗者知道所有東西的價格，卻不了解任何東西的價值。聰明的人則以相同的內容形容經濟學家，好像我們是一臉貪婪、一心只想著價格和金錢的冷酷無情的計算機。有人說我們是唯利是圖之人，最後只衡量成本和利益。但經濟學並非只攸關價格和金錢。經濟學是一門如何獲得最美好生活的學問。這是爲什麼我會告訴學生，不要選擇酬勞最高的工作，而該選擇最有報酬的工作，這裡的報酬包括金錢與非金錢。爲了獲得最好的生活，你必須留意成本與利益。你當初決定到史丹福來念書，表示你拒絕了邁阿密大學。你當初選擇網球，表示你放棄了棒球。和艾咪一起做功課，即是你們無法做其他事的時間。萬物都有價格。不考慮所作所爲的成本過日子，包括金融、人力、可衡量的和僅能猜測的成本，同時對那些成本的來龍去脈毫不知情，當然會過著毫無意義的生活。大衛．康菲爾當初選擇從事雷射時，他即失去其他發明的機會。但卻有數以千計的人高興他做了這樣的抉擇。而他之所以選擇這條路的部分原因則是臆測，他設定了雷射可以賣得的價格。價格賦予我們知識，這種知識在沒有那些價格的情況下，根本不可能獲得、不可能獲得！在艾咪班上，我們談到知識協調如何自大家單純想要買賣的欲望中浮現。價格浮現後會讓——」

「我知道。價格會讓全世界的人專門化。一家公司製造西洋杉。另一家製鋁。沒有人知道如何製造一枝鉛筆。」

「哇。你怎麼——」

「我通常會在二十四小時內得到課程大綱。實際上，是在二十四分鐘內。但別告訴艾咪我跟妳說了。」

「沒問題。大家根據對價格的反應，選擇做為買家和賣家時，知識則在無任何人負責的情況下於世界各地流動。但是——」

「妳說的知識於世界各地流動是什麼意思？」

「如何製造一枝鉛筆的知識散播在世界各地人們的腦海中。它並未集中在某一地，例如鉛筆工廠或政府機關。當世界上有些事情改變時，比如改變有多少人想買鉛筆，或是有多少石墨可以供應，買家和賣家就會使用不同的知識因應這種改變。而那種知識亦無需集中在某一地。鉛筆和網球拍以及所有使用石墨的產品都在那裡等待我們享用，即使是最聰明、最有能力的人也僅知道製造這些物品的部分知識，以及如何維持固定供應的部分知識。這是我們未曾注意、令人無可置信之事。」

「相當令人驚奇。」

「最有趣的就是，經濟學家並不知道萬物的價格。沒有人知道。這整個我們稱之爲市場經濟的系統，由於我們所知甚微，其運作正如它精確進行的內容一樣。因此讓我們自由專注於少數了解並擅長的事物。海耶克稱此帶領知識和資源的價格系統爲『驚奇之事』（marvel）。你聽過海耶克的名字嗎？」

「嗯，也是艾咪告訴我的。」

「不過，還有一些十分驚奇、但我尚未在課堂中提到的內容。價格不只和散布至世界各地的買家和賣家的知識相協調。價格還創造了知識，並且經過時間將其擴展，就像蛋業中所有的創新內容一樣。那些創新跨越了經濟，正是經濟成長與繁榮的資源，亦即一般美國人生活水準增加五倍、十倍或十五倍的資源。但究竟是誰決定該學什麼、該發現什麼，以及該改善什麼？這其中並無技術大王，亦無專家委員會決定哪種創新比其他的更為重要。這可能會讓你想到那種知識——在人們找出世上新事物時，任意成長的知識，例如創造出享受周遭一切事物的know-how、技術，以及工程知識。一如我聽過的廣播節目，叩應者必須回答二十個問題。如果你能全部答對，即可贏得兩週夏威夷假期。我聽到這位過關斬將的叩應者答題，她眞是個天才，從第一題開始就一路暢行無阻。她回答前十六題的速度，就像機關槍掃射紙板圖案一樣快速精準。」

「是很簡單的問題嗎？」

「剛好相反。都是很難答對、晦澀難解的問題。例如你根本沒聽過的國家首都名稱。一九四八年奧斯卡最佳女配角人名。NBA球員賴瑞．柏德（Larry Bird）剛出道時的平均得分。她眞的很厲害，我好佩服她。結果到了第十七題，題目眞的太難了。要你說出圓周率的前十個數字。她先說出了兩個，然後順利補上其他的。她答完了。幾乎差臨門一腳。於是我就想，像這麼困難的問題，他們絕對找不到可以一口氣答對二十題的人。所以他們會繼續接聽下一個叩應者，問對方相同的問題。然後你猜怎麼樣？他知道賴瑞．柏德出道時的平均得分，也知道布吉納法索（Burkina Faso）。但第一位叩應者呢？她一點也不聰明。她聽了其他所有叩應者在答第一題時就敗北，直到有人答對，然後繼續問下一題，接著再等到有人答對，再繼續問下一題。任何一位叩應者都沒那麼聰明，但藉由倚賴他人的知識和專注力，後來的叩應者就會擁有無需自身發掘的知識。他們運用的是先前叩應者的成果。」

「很棒的故事。」

「這是人類探求知識的一半內容。現代分工讓一個人所知甚微，但仍看來宛如天才。這是爲什麼二十一世紀的人，可以比一百年前的人更無厘頭，但卻能支配更多知識，亦即前一百年中先人累積的知識。就像廣播節目讓後來的叩應者看來比先前的叩應者更聰明一樣。這就是今日的人能比昨天的人賺更多錢的部分原因。諷刺的是，即使昨日的工人知識更爲豐富，但今日的工人卻比昨日的工人更有價值。」

「就像站在巨人的肩膀上。但爲什麼廣播節目的比賽只捕捉了一半的故事？」

「它捕捉了我們從前人身上獲得知識的事實，但卻遺漏了問題如何在生活的脫口秀中被決定。生活的脫口秀並非晦澀難懂的瑣事，而是找出會改變人類生活的事物之獎品。生活的脫口秀並無主持人問觀眾問題和設立獎品。但你仍可在毫無主持人的情況下得到問題與獎品。」

「所以，是誰在生活的脫口秀中送出獎品？」雷蒙發現這個想法既驚奇又有趣。

「他們把自己送出去。」

「他們把自己送出去，」雷蒙重複說道。「他們如何管理？」

雷蒙笑出來，有好一會，他對於自己竟坐在這裡和教務長談著將他們自己送出去的獎品是何等困惑而驚訝不已。

「你有時間喝杯咖啡嗎？」

「我有。妳呢？」

「當然。」露絲心想，這個謊言眞是變得愈來愈容易了。

10 沒人管、沒問題

要是你能在強心停止跳動之前凍結時間，環視這個國家，並且看看每個人在「從前」時刻中、最後可能的瞬間表情。你會看到，在每件事改變之前，有人正牽著山羊打算擠羊奶。他緩緩停下來輕撫牠的頭。你會看到，在每件事改變之前，有個女人在窗外抖著拖把。有個小孩正在街上漫無目的地快樂奔跑。在那個瞬間，沒有人意識到這是強人生命將盡的最後剎那，而在另一個剎那，一切即將千變萬化。讓時間的滾滾洪流再次向前奔騰，這男人正撫摸著山羊的耳朵，而女人將拖把拉回屋內，小孩則停下來注視著人行道上的一隻甲蟲。沒有什麼事情真的改變。日復一日，同樣繼續，但只有空間與資訊的功能存在。日復一日，並未繼續，不是為了強人、亦非為了他的子民。他心臟停止跳動會帶來什麼改變？

露絲和雷蒙走到圖書館旁的露天咖啡屋，離經濟系上的露絲辦公室並不遠。途中，露絲問雷蒙網球訓練的情形，以及他自認今夏在溫布頓的表現。師生兩人的對話和舉手投足間的表情豐富而生動，讓史丹福校園更添活力朝氣。一路上似乎都有漫步校園者和成群結隊騎著單車的學生，單車族疾馳而過，像露絲和雷蒙這樣的步行者穿梭其中，彼此卻神奇地未互相衝撞。而校園中間，則有幾群家長和學生到處閒晃，在學生志工的導覽下參觀校園。他們到了咖啡屋，露絲買單後，兩人便面對面坐著喝咖啡。

「那麼，告訴我獎品如何自行送出。」雷蒙說。

「得獎基本上有兩種方法——」

「我是問獎品如何自行送出。」

「沒錯，先別急。它真的會發生。如果你找出以較低成本讓某件事更有效率的方法，你的利潤就會上升。這較高的利潤就是獎品。雞蛋就是這個例子。所有在雞舍中的技術意味著起碼有一段時間、對創新者的較高利潤。或者你可以採用從事某件事的新方法，即使價格較高，消費者仍想購買。因此，你以生產比競爭價格更貴的產品而確實得獎。」

「舉個例子。」

「iPhone取代了iPod，iPod則取代了可攜式多媒體播放器（boom box）。雷射矯正手術取代了隱形眼鏡，而隱形眼鏡則取代了眼鏡。抗生素取代了水蛭。對我們現有事物的變革愈大，你便能收取相對於現有產品的較高價格與較大利潤。亦即更大的獎品。愈多人喜歡你所從事的行爲，也會增加獎品。價格及其產生的利潤，就是創意人士在消費者無需直接傳遞知識的情況下、獲得消費者喜歡他們去從事內容的方法。現在就有一大堆無人認領的獎品在那裡待人發掘。你帶來一個可持續較久電力的電子裝置用電池，就會得獎。你治癒癌症，就會得獎。你帶來不起皺褶的襪子，抱歉，可能什麼獎也得不到。這不只是因爲無人送出獎品，而是沒有人設計這種利潤和價格系統，讓消費者告訴製造者與創新者他們所想要的東西。」

「所以若是無人設計，那個系統從哪裡來？」

「它自然浮現。自己冒出來。而且因爲它有用，只要我們不去動它，它就會留在原地。它是自發性且自立的。」

「但是若無人負責此系統，若是沒有主持人、沒有創新部長，那會出現很多錯誤。」

「當然。大家嘗試並用科芬（Corfam）製鞋。他們——」

「什麼是科芬（Corfam）？」

「它是一種合成皮革。發明者認爲他們發明了絕讚佳作，解決了皮鞋的兩大問題，因爲科芬防水而且永不磨損。科芬製成的皮鞋根本不必上鞋油，因爲科芬比皮革『更好』。可是消費者卻不喜歡科芬，不愛它的外型。它看來雖像皮革，卻看得出本身並非眞正的牛皮，因爲太亮、太完美了。而且因爲它防水，穿上科芬鞋反而讓你的腳流汗。」

「所以科芬變成了垃圾。」

「對。不過那個錯誤被修正了。科芬只是從消費者市場上消失，但我曉得它在軍隊中依然受到歡迎。發明它的聰明人知道結果後聳聳肩，然後試著找出某種更好的東西。」

「但那只是個小錯誤。那些因爲無人負責而出現的大錯誤又該怎麼解釋？看看所有因爲企業只關心利潤而浪費的資源。」

「比如說？」

「看看車子。爲什麼車子不能擁有更好的哩程數？」

「它們該擁有多少哩程數？」

「汽車製造商可以輕易算出車子每加侖汽油可跑上一百公里的方法。」

「車子每加侖跑上兩百公里會更好吧？」

「當然。」

「你確定？」

「使用較少的汽油總是比較好啊。」

「如果那是對的，我們就該禁止汽車。因爲如此一來就能保證我們使用較少的汽油。生活就是關於交易。如果我們需要汽車製造商生產可跑較多哩程數的汽車，我們會得到更輕、開起來更危險的車子。如果我們需要汽車製造商讓車子維持相同的重量，我們就會剝奪汽車製造商找到方法以較少鋁或鋼材製成更輕型汽車的誘因。而我們眞正希望的是，汽車製造商只有在値得時才製造更有燃油效益的汽車。」

「但它總是値得的，不是嗎？」

「不，一輛車每加侖可能可跑一百公里，但若花了二十萬美元製造，就不値得了。因爲技術成本超過了省油特性，沒有人會買。如果汽油成本是一加侖五分錢，那麼花上數十億開發一輛每加侖可跑一百公里的車子就是個錯誤。或者有方法讓車子利用太陽能取代汽油運轉，那麼窮盡心力和時間，打造一台可跑較多哩程數的車子，結果就是浪費。」

「好吧，但在今日的世界，只要人願意付錢，汽車製造商只需製造能跑較多哩程數的車子就好了。」

「沒錯。」

「但是汽油價格太低了。大家把重點放在從較多哩程數獲得節約這點，是不值得的。」

「沒錯。」

「但那是和經濟相關的問題，它讓每件事都與錢有關。然而有些事情則更爲重要。」

「我非常同意。但你心裡想到的是什麼？」

「汽油短缺。耗盡世界的資源。」

「但那的確是金錢存在的好處。假設並且當汽油變得更稀少時，價格就會上漲，然後鼓勵大家使用較少的汽油。但如果你忽略油價，投入工程師、金屬，以及其他珍貴事物來省油，結果就會浪費了其他資源。因爲你會用掉其他更有價值的東西以達到省油的目的。究竟是汽油還是鋁比較重要？」

雷蒙想了一會。

「我不太確定。兩種都很重要。它們都是有限的資源。」

「那麼我們該在何者花費更多資源？是製造可以跑較高哩程數的車子？還是製造更薄的

汽水罐？」

「較高哩程數的車子。」

「要是較薄的罐頭可以省下數百萬噸的鋁，但是較高哩程數的車子卻只能省下幾加侖的汽油呢？」

「好，我回答得太快了。我應該說視情況而定。」

「那是視什麼情況而定？」

「視你想省下更多鋁或是汽油而定。」

「但你又該如何把鋁和汽油相比？其中一個相對於另外一個有多少價值？你該如何決定？是重量嗎？」

「不是，但別鬧了。省下一百萬桶汽油會比省下一噸鋁要好。省下一百萬噸鋁則又比省下一桶汽油要好。」

「你確定嗎？」

「是的。」

「要是它找了全球一百萬名最好的工程師，花上十年省下一百萬桶汽油，而你卻可用一名普通工程師，以一個小時省下一噸的鋁呢？」

「好。所以我們控制工程師人數，並讓他們的品質保持穩定。如果都使用一千名工程師，那麼省下一百萬桶汽油會比省下一噸的鋁要好。」

「你確定嗎？」

「爲什麼這件事看來好像是個陷阱問題？」

「因爲它正是如此。即使你在使用相同人數的工程師，以省下一百萬桶汽油或省下一噸鋁之間選擇，你仍可能想省下一噸的鋁而非一百萬桶的汽油。」

「我不知道呢，」雷蒙微笑說道。「那怎麼可能呢？」

「因爲我們把那些工程師用在開發太陽能汽車上可能會更好。如此一來，省油就是件毫無意義的事了。或者我們找到省下一百萬噸鋁的方法，但那可能不值得，因爲我們可以發明塑膠汽水瓶取代。所以，你該如何處理一切伴隨而來的新近創新？還有改變何種新事物值得進行的計算？如果把工程師用來省鋁比省油更好的話怎麼辦？如果有人發現了幅員遼闊、開採便宜的新油田怎麼辦？無人負責的創新廣播節目則會使用價格與利潤，將那些事情自動列入考量。當鋁變得更稀少、價格上漲，省鋁就會獲得更多利潤。如果製造更薄鋁罐所需的工程師工資變得更貴，他們就會讓瓶裝公司花上更多的錢，讓省鋁這件事變得較無吸引力。如果有人發現了製造塑膠瓶的方法，對鋁的需求就會降低，進而降低鋁的價格，然後讓省鋁這件事照理變得較無吸引力。沒有技術部長可能參加在經濟領域中發生的一切變化。也沒有創新大王有辦法主宰所有的知識，作出明智決策，即使有一百萬台電腦輔助亦然。最好的方法是讓一千朵花開花，然後自試誤法（trial and error）中讓最好的選擇浮現。」

「試誤法讓事情聽來好像是隨機抽樣的選擇。」

「它並不是，只是計畫得不完美。基因突變是隨機抽樣。天擇接受好的改變，同時拒絕了不好的改變。然而經濟變革卻非隨機抽樣。產品變化亦非隨機抽樣。知識與創新來自企業家嘗試參與人們所要以及將在市場中存活的內容。那讓它比生物進化更易聚焦。而你不只是在市場中存活，還要進步。但大部分的新企業卻失敗了。有些是因爲他們的執行力太差，其他則是創辦者與投資者誤判了消費者心理，或是因爲競爭而做了一些無人預期的事。任何人類心智或人類心智小組該如何組織這整個系統？又該如何決定何謂改善？因此最好就是讓價格與利潤驅動資源，讓它們到達最高價值之處。」

「但妳也承認，讓價格與利潤驅動資源並非總是帶來最好的結果。」

「沒錯。不只是像科芬迅速消失的偶發錯誤。價格藉由上漲或下跌、鼓勵或不鼓勵一些活動時，並非總是囊括所有你想包含的資訊。開車會污染所有人呼吸的空氣。駕駛支付油錢以及車子磨損的修理費用，但卻忽略了排氣管的毒氣。開車所浮現的代價就是導致太多污染。」

「那稱爲市場失靈（market failure），對嗎？我在經濟課學過。」

「沒錯。稱它爲『市場失靈』的人意味在這種情況下，每個人都追求自我利益，導致我們不願樂見的結果。」

「而政府可以改善事情。」

「它可以。但有趣的問題是：不是政府是否可以，而是政府是否會改善。」

「請解釋。」

「市場並不完美，由價格與利潤提供的誘因並不完美。給人買賣的自由並非總是導致完美的結果。有時由於一些市場進入的障礙，使得保持低價的競爭來得緩慢。但是爲什麼跟隨政府會讓事情變得更好呢？政客所面對的誘因亦非完美。我假設有些政客、或者大多數政客都想把世界打造成更美好的地方。但我曉得那並非他們唯一關心的重點，他們還關心連任與權力。因此他們常對特定利益回應，而非做對的事，特別是對的事並未明確定義或易於觀察時。科芬和福特汽車愛德瑟車款（Edsel）在市場上迅速消失無蹤，而郵局、乙醇補貼、農產價格補貼和中等公立學校才始終存在。」

「但妳承認，任人自行發展有時會導致像是污染的災難，而有時政府必須改善我們個人所下的決定。因爲市場並不完美。」

「它們並不完美。而我也不是無政府主義者。政府的存在對許多事有好處。它對於強制執行財產權和合約是好的。它對清潔空氣是好的。只要不把政客浪漫化就行。他們和我們其他人一樣。」

「可是露絲，妳卻浪漫化了市場！」

「有可能。但它是該添上一些浪漫色彩。」

「妳怎麼知道？」

「我們很難想像有隻看不見的手，畢竟它是隱形的。任事情自生自滅，任大家自由發展，而夢想似乎就像讓世界變得更好的最後途徑。因此大部分的人都有種天性，亦即讓政府去把事情變得更好。如此看來，管理總比放任不管要好。但這並不對。我認爲如果大家了解未管理、未統籌、未組織和未設計行為的價值，這世界才會變得更好。」

「我不知道，露絲。社會只用利潤做為基準而作出重大決策，看來仍是個錯誤。」

「該去哪度假、該和誰結婚或該如何過你的人生，利潤就會是個很糟的抉擇標準。如果你只用利潤或金錢做為人生的指標，你的靈魂將會枯萎死亡。有哪個笨蛋會娶接受他的最有錢女孩？但將缺乏利潤或損失的經濟做為指標，卻會造成諸多痛苦。就算大衛・康菲爾是個聖人，若無利潤動機，他也不會花時間投入那項雷射醫療的工作。因為這份工作太辛苦，而且個人的犧牲太大。你還要來杯咖啡嗎？」

雷蒙從椅子上起身。他搖搖頭，來回踱步了好一會，才又坐下。

「我仍然覺得妳有點將利潤過度浪漫化，」他無視於她的問題，繼續表示。「這個例子很簡單，因為會有更多的雷射醫療以對抗心臟病。或是抽象地談論知識或者人們不斷試著解決問題。這些都很好。但妳卻忽略了利潤動機如何摧毀人們的生活。把利潤放在人之前考量，會造成生產縮小、境外生產、外包，以及公司為了找到最強大的底線而做的所有事情。即使在妳告訴我兩個人可以照顧所有雞群的蛋業範例中，也意味著存在較少的工作。那一定會發生在整個經濟世界中。」

「哦，當然，」露絲說，同時對於他的熱烈態度感到開心。「比起五十年前或一百年前，我們使用了更少的人力生產更多的汽車、鋼鐵、雞蛋和衣服。二十世紀基本的經濟故事是在描述工人變得更有生產力。而你會做到這點的一個方法，就是藉由把人從生產過程中撤離，同時使用替代的機器。」

「因此，這整個富裕的過程是由冷酷無情所驅策的。你找到方法降低成本，用機器取代人力做事。你解雇員工好讓企業存活。這對任何人而言怎麼可能是更好的世界？這只是讓企業獲得更高的利潤罷了。妳宣稱財產是擴展的。但當工人不斷因爲機器而失去工作時，怎麼可能發生呢？」

「你是假設人力市場就像大風吹一樣。」

「大風吹？妳是說小孩子的遊戲大風吹？」

「是啊。比如說有十個小孩在生日宴會上圍成一圈坐著。你放些音樂。小孩站起來繞著椅子外圍的圈圈走。趁他們繞圈走的時候，你拿掉一張椅子。等到音樂停了，小孩就得想辦法搶到位子坐。可是根本沒有足夠的位子。那意味著有更多更多的人被踢出去了。我說的雞蛋所造成的工作市場，聽起來就像大風吹的遊戲，不是嗎？雞蛋公司、瓶裝公司、汽車工廠，以及農產公司都找到降低生產物品所需人數的方法。少了一個位子坐。接著又少一個。很快就發現並無足夠的椅子。接下來你曉得，會有一群人失業。這是你要說的意思嗎？」

「而且失敗的人還得坐在圈外，少數的幸運者則從吃到蛋糕的特權人士身上分到一點麵包屑。告訴我，我哪裡遺漏了。」

「當工廠採用設計精良的機器，以降低工廠所需的人數時，意味著使用更少的工人製造更多的東西。那是生產力的增加。但反而釋出了資源，可做我們不曾有過的事情。因此那不只是一個產品變便宜的問題。那是他們所建立的新產品、新服務，以及新工作機會的大規模擴展。電腦界的工作在三十年前並不存在，娛樂業和健保的工作亦然。這些工作類別在三十年前皆未存在，更別說是一百年前了。如果你始終不改變生產力，我們就不會有足夠的人去想像、設計和生產所有的新事物。」

「這故事不錯。但只有有工作的人才買得起所有的新事物。妳怎麼知道新工作會等於失去的工作呢？那些舊工人如何找出新工作機會中所需的工作技能呢？」

「有些人找不到。有些人會因此感到痛苦。有些人最後會選擇比原先工作酬勞更少的工作。但他們大部分的人生活卻會變得更好，因爲比以前擁有更多的選擇。而下一代、亦即那些因應變化的工作者的小孩，則會依據其夢想與技能塑造世界。就業情況的翻騰動盪造就了工作機會，而新機會則遠遠超過了失去的工作。」

「妳能證明嗎？」

「可以。一九〇〇年，美國約有三千萬份工作。一百年後，我們有一億三千萬份以上的工作。美國每年幾乎都比前一年有更多的工作。亦即在一百年中多了一億份工作！這個過程出現了大規模的工作流失。工廠解雇員工，或者不會替補退休或辭職的員工。工廠關閉，而且無論後來經營如何，最後遷廠到墨西哥或印度。所有這些工作都沒了。工作機會變得僧多粥少。」

「一點都沒錯。所以希望在哪裡？」

「人力市場並不像大風吹遊戲那樣運作。總工作數主要是由想工作的人數決定。而在大部分的二十世紀中，有更多美國人比以前更想要工作。因此，儘管歷經了幾年的經濟蕭條或衰退時期，整體上出現的工作卻比消失的工作還多。看看二十世紀後半期，有更多女性想外出工作時，發生了什麼事。她們搶到原本屬於別人的位子嗎？沒有。她們自己帶了椅子出來。移民潮在二十世紀最後二十年中湧現。失業率激增了嗎？有更少的工作提供給已在職場上的人嗎？答案都是沒有。這是生產力的矛盾之處。兩位農夫照顧八十萬隻雞，會比一千位農夫照顧更少的雞群要好。如此會釋出九九八位農夫去做其他的事，讓這世界變得更好。所以在我們摧毀工作時，我們同時變得更富裕。這九九八位農夫並不會死，也不會挨餓受凍。他們會在新公司、或在因雞蛋成本降低而擴展的公司中找到新工作。」

「更便宜的雞蛋怎麼創造出更多的工作？」

「大家付更少的錢買雞蛋，就會剩下更多的錢花在其他用途上。而未花掉的錢就是自行送出的獎品。這也是何以企業家、創意人士總想以新事物的呈現來宣示那些獎品之故。沒有雞蛋的節省成本和其他成千上萬變得更便宜的產品，獲得某些新事物就意味放棄了某些舊事物。我們透過生產力或交易讓東西變得更便宜時，也就意味我們可以有自己的蛋糕，並且還能吃它。我們可以有更多的雞蛋、iPods、更多人工髖關節，以及一切讓生活美好的事物。」

「可是誰是這個『我們』？」雷蒙開始生氣了。「當然富者恆富。但這是什麼樣的國家、什麼樣的殘酷系統懲罰了它的窮人？藉由讓窮人離開工作，好讓工廠老闆及股東變得更有錢？這太卑鄙了。整個想法就是道德淪喪，讓人失去工作，好讓股東和執行者賺更多的錢。好吧，或許工作會自己帶椅子出來。但他們坐的椅子卻有著較低的工資。只要舉個例子就好了，例如那個對抗心臟病的雷射醫療。誰付得起？是有健保的人才付得起，但是像大盒子這種企業的員工保證付不起健保。爲什麼？因爲利潤。那些你認爲極高的利潤，那迫使工資和福利降低。那就是你也會喜歡的低價的代價。你能獲得低價的唯一方法就是廉價工資。你對於低價的迷戀含有廉價工資的隱藏成本。這就是爲什麼大盒子如此危險，因爲那是許多失業工人停止找工作的地方。」

「我以爲你是因爲大盒子的高價策略才讓你忿忿不平的。」

「那晚、就是地震那晚，是的。但其他時間裡，他們的價格是眞的太低了。他們總是壓低價格銷售。」

「聽來不錯。」

「但他們那樣做是藉由壓低工資之故。」

「那是另一個存在的方法。」

「妳說的是什麼意思？」

「像大盒子或沃爾瑪（Wal-Mart）的零售商亦有低價策略，因爲他們爲工人找到了相對低技術和低工資、卻有生產力的方法。競爭迫使他們將盈餘傳遞到消費者身上。他們的員工在經濟上得到比一般工人較低的酬勞，是因爲他們並無足夠的技能。如果這些息息相關的鎖鍊不存在，你認爲那些工人會神奇地在某處得到較好的工作、爲更和善較不貪婪的老闆工作嗎？你認爲美國那些賺得比中位收入少的工人是因爲運氣差，所以才被唯利是圖的公司雇用嗎？而其他的另一半則是運氣好，所以才能在不錯的公司上班嗎？要說有什麼不同的話，沃爾瑪和其他足以與塔吉特（Target）、大盒子和好市多（Costco）並駕其驅的零售商，是藉由加強對員工服務的要求而增加低技能工人的工資。山姆．沃爾頓（Sam Walton）創立一種企業模式，讓低技能的員工擁有更多生產力。那就會因而增加他們的工資。」

「露絲，妳該如何說明沃爾瑪或大盒子的存在對他們的員工有好處？妳不認爲大型零售商爲追求更高利潤而迫使工資降低嗎？」

「他們會想這麼做的。就像每間企業的員工一樣，無論多大方、關愛、殘酷或貪婪的企業，都喜歡獲得更多的利潤。他們會想這麼做的。但他們卻不能，怎麼可以這樣呢？」

「妳是說他們不會強迫降低價格？」

「他們會。而那些較低的價格則有助於數百萬計的顧客以及許多窮人。一間公司可以把產品價格降到低於競價，或是將工資調到高於競爭工資。但它卻無法自由調漲價格或者降低工資。因爲如此一來，公司會失去顧客和員工。就像我想爲自己賺更多的退休老本而開出高價賣房子一樣。」

「艾咪告訴過我。但妳只不過是個屋主，而沃爾瑪卻是龐大的企業。」

「並不見得。他們只不過是雇用了一百萬多一點的員工。」

「只有一百萬，」雷蒙看來不可置信。「妳是說那是個小數目？」

「這個數字本身看來似乎很大，但它不過是占了美國人力的百分之一而已。如果在帕羅奧圖『只有』一百間房屋待售，你認爲我會因爲只有九十九個競爭者而開出高價賣屋嗎？如果沃爾瑪付出比競爭者還少的工資，誰會去工作？沃爾瑪開新店時，大家排成長龍等待工作機會。爲什麼？爲什麼大家要排隊等著被壓制？有那麼多人想在那裡工作，認爲那是個好工作，因爲對他們而言的確如此。」

「妳是我唯一認識的、認爲沃爾瑪對美國有好處的人。」

「不，我認爲生產沃爾瑪這個過程對美國有好處。」

「這是一樣的，不是嗎？」

「一點也不。如果沃爾瑪無法符合其競爭對手的品質與價格要求，我會想讓它退出市場。它有一天可能如此，就像在它之前的許多競爭者一樣。」

雷蒙停下來思索著，這些事怎麼可能屬實。露絲則注視著一隻忽然穿越路徑、咻咻飛過的蜂鳥，在尋找別處的花蜜之前，暫時盤旋在樹籬上空。

「好，」雷蒙說。「假設我接受妳的觀點，仍然有很多人想在沃爾瑪工作，而且領的只是微薄工資。妳該怎麼幫助他們？」

「我知道我不會做什麼。我不會關閉沃爾瑪或是避免他們擴張人數，或者強迫他們付較高的工資或健康福利。這些想法，即使他們是好心人，結果也會因爲使用過多成本雇用員工而傷害了你原本想幫助的人。更何況他們並非都是好心人。那些變動大部分的推動力，來自想破壞成功對手的競爭者。在華盛頓或州首府極力說服政客給你人爲的優勢，而不是努力找出滿足顧客的更好方法，這樣的選擇對公司而言很糟。此外，這整件事的發展眞的會每況愈下。我們與其強迫或遊說沃爾瑪付員工更多的工資，不如尋找讓低技能員工變得更有技能的方法。幫助那些努力維持生計的人，後者做法比較好。」

「那麼目前來看呢？」

「目前事情比你想像中要好。即使是窮人也正分享了這份財產。你有空到我辦公室嗎？

我們可以看些數據資料。我想那會嚇你一跳。」

露絲知道這是個賭注，但她把握雷蒙仍感興趣的機會。讓她開心的是，他說好。兩人於是步行到她辦公室，不是到她那間教務長辦公室，那間充滿疑惑、憤怒語氣的電話留言，內容盡是她錯過的會議內容，而是到她經濟系上的辦公室。他們坐在電腦前，露絲向雷蒙展示不平等現象、社會流動性，以及大家的生活是否變得更好或更差的研究報告。她向他顯示，在不同政治光譜立場的人們，如何藉由選擇家庭收入、家庭住戶收入、工資、賠償，或者藉由選擇正確的分析起始日期、忽略通貨膨脹或是誤測，而歪曲事實爭辯。雷蒙看完後，對於大家如何使用及濫用統計學，有了相當詳實的概念。終於，經過一小時精彩的問答後，雷蒙起身打算離去。

「我可以再問妳一個問題嗎？」他問。

「你可以再問兩個。」

電話響了。露絲迅速看了一眼，然後轉向雷蒙，讓他知道她不打算接電話。

「如果我了解妳今天告訴我的內容，美國由於利潤與價格，激勵企業家及創意人士去發掘人們重視的新事物，而達到了今日的生活水準。這是個公正客觀的重點摘要嗎？」

「你說得非常對。」

「因此，若技術與知識是對財產的關鍵影響，那麼爲什麼所有的國家並未均富？古巴、迦納、敘利亞和秘魯可以購買那些妳告訴過我的、相同的電腦化雞舍。技術到處唾手可得。但事實上有些國家經濟困窘、而有些國家則財力雄厚。如果競爭迫使價格下降進而優惠消費者，那麼墨西哥的消費者爲什麼並未致富？爲什麼我媽媽在美國比她在古巴擁有更高的生活水準？」

興趣的火苗已經點燃。他不再生氣了，他開始好奇，他想了解。露絲眞想把他的臉捧在掌心上吻他。不過她抑制了自己的衝動，僅給他一個微笑。

「如果我知道那些問題的答案，」她說，「我會得到諾貝爾獎。但我能告訴你答案的開頭。富國擁有更多的資本。擁有更多的實體資本（physical capital）、機器、工廠和電腦。生活在那些富國中的人民就擁有更多的人力資本（human capital）、更多的知識、技能與實體資本工作。富國還有政策，鼓勵風險承擔和這兩種資本的累積。經濟和政治權力分散在富國中。而窮國則更像是由予取予求的惡棍所統治。想想古巴或敘利亞。那裡阻撓了實體或是人力資本的累積，阻撓了可能讓工人更有生產力的外來投資。惡棍的存在阻撓了風險承擔。更窮的國家則更容易有集中的經濟利益，那會對抗任何可能帶來競爭的改變。想想日本的零售業或是像阿根廷這種地方的整體經濟情況。你知道阿根廷在一九二〇年時曾名列全球富國名單中嗎？是哪裡出錯了？人們老愛擔心有錢人在美國制訂了一切規則，但這些人卻從未研究過像阿根廷這樣的國家。如果要我猜，我會猜一九二〇年最有錢的阿根廷家族至今仍然飛黃騰達，而且他們也和最有錢的美國人一樣。差別在於，他們的人數並不多，他們對抗了一切可能經由競爭均分財富的改變。富國對於產品、服務和人民有更開放的疆界，而窮國則更容易限制交易。自給自足遂邁向貧窮之路。最好的方法是，運用他人技能、同時購買你本身無法有效製造的東西。富國有法律，一個人可以買某樣東西或者達成交易，並且知道交易成果並不會被專制地剝奪。而最重要的是，富國有信託文化，每件事不必得以合約保障。但若要我一言以蔽之，就是富國擁有更多的自由。擁有更多創新的自由、競爭的自由、風險承擔的自由和失敗的自由。還有競爭的自由、交易的自由和——」

電話又響了，而這一次，露絲看看錶。幾乎快兩點了。他們一直聊天，已過了午餐時間。她甚至錯過比預期還要多的會議。即使是最好奇的學生，要一直談論並思考經濟學，時間上也是有限。或許最好讓雷蒙休息一下。因此她接了電話。

「露絲．李柏。」

電話那頭是露絲教務長辦公室的助理，霹靂啪啦說了一大堆。她還好嗎？她到哪去了？她手機壞了嗎？州長原本預計在兩點鐘見到她，她該如何告訴他，露絲不在那裡等等。是州長。八〇年那班的，優秀的傢伙。雖然當他的前輩不太開心，但她總是樂意見到他。當然她會到，如果趕一點，大概三分鐘內會趕到辦公室。她掛上電話，深深吸了一口氣，再次看看錶。離兩點只剩四分鐘。

「雷蒙，我有事，得走了。不過有幾本書你可以拿去看。」她迅速在書架上搜尋，找出了三本書。

「我不該——」他開始說著。

「拿去吧。這些書都是你的。我反正也要把它們裝箱，馬上得給它們找個落腳處。」她揮揮手，指著整個房間。

「我不能收。」他又說了一次，不過她把書推給他。

「隨便你想待多久，」她邊說邊走向門口。「離開時關上門就好。不好意思，我得跑過去了。」她回他話時，人已經到走廊了。她一待轉了彎，立即飛奔下樓。沒必要讓州長久候。

她揣想，如果大學校長發現她有大半天時間怠忽職守，她該說什麼？我老了？一連串的我老了？一時忘了？她決定乾脆據實以告，就說她和名學生在一起。花了四小時？好吧，他可不是個普通的學生。一定得這樣解釋才行。如果她真的向他們說出她心中真正的想法，他一定不相信。

11 織夢者

胸口不再有起伏的呼吸，監測器螢幕出現了筆直的線條，而突然，只有醫生清楚發生了什麼事。他們在突來的靜默中躊躇著，每件事確實於那一剎那在床畔停止。接著醫生回過神來面對現實，一如車子引擎在寒冷的清晨回應了啓動的鑰匙。及至寂靜和懸置的時刻一過，新聞開始向外四處蔓延，威力一如強烈暴風雨般重擊拍打著國家的支柱。

強人死訊傳播開來後，世人議論紛紛，想找出變與不變的事實。收集並銷售一九六〇年代汽車零件的男人，想像他今後可以做些什麼以替代原有的工作。在自家客廳經營餐廳而正在削馬鈴薯的女人，則想像開一家真正的餐廳。而有著神奇雙手、在一千多個午後投籃投中一千次的男孩，則夢想著去美國上大學。專為歐洲人服務的公營飯店經理則好奇，若他在一年內仍有工作、並且繼續從事，這份工作會變得更棘手還是更容易。負責管理囚犯的內政部長突然有股衝動，想做點較不動聲色且較少賺頭的事情。

雷蒙在心裡想著，大學畢業後的生活就像網球一樣。這種可笑的念頭蜷縮在每個思維裡。你得清楚何時走到球網、何時該打底線球。大學畢業後的生活就像網球一樣。你得時時注意著網球的動向。更糟、還要更糟。可能就像網球錦標賽，無論你是第一回合還是第二回合的種子球員，都有機會上場。那是謊言。生活就像網球賽之前的更衣室。即使最偉大的球員換衣時，他的腳一次也只能套進一隻褲管裡。因此我們在偉大的生活更衣室裡，彼此應該公平對待。我們都有一樣的內衣褲，然後再穿上褲子。太美了。現在他眞的接連獲勝中。或許生活一點都不像網球。在網球裡，愛（love）是零分的意思，但在生活中，愛卻是一切。那有用嗎？不，那很可怕，他想。那比可怕還更糟。

那天是星期五早晨，週日就是畢業典禮，而雷蒙仍不知他當天的畢業致詞該如何結尾。他和其他人一樣太開心了。這會給露絲．李柏添麻煩，雖然他看不出有任何麻煩之處。爲何他無法停止想到這位老女人，這位他幾乎一無所知、卻和他聊了幾次的女人？他絕不會向她屈服的，他絕不會只爲取悅她而駁斥自己的信念。不過，他的畢業致詞還是有機會對抗議遊行時所發生的事情做點彌補，是個洗滌大學髒錢這個污點的機會。終於，他不再受「狂風暴雨」和朋友的詭計而控制。

算了，忘掉致詞結尾的事，反正他還有兩天的時間。或許騎騎單車會讓他思緒清晰。乾脆先把這個畢業致詞放一邊，出外踏青。於是他朝西走佩奇米爾路（Page Mill Road），打算到帕羅奧圖山上的公園。沿途路徑崎嶇不平，但山頂的風景會讓一切的辛苦值回票價。他攻著山路、疾速騎向分隔了海灣的山脊頂端。很快地，毫無停歇的努力讓他的念頭自抗議活動、價格，甚至露絲・李柏中抽離。到了山頂，他找到公園，然後走向長椅，他和艾咪曾在此眺望過令人讚嘆不已的遠景。此處聳立於海灣之上，大學則在他腳下，胡佛塔（Hoover Tower）清晰可見，接著是海水、橋樑和另一側跨越海水的山丘。他感到手機在震動，他低下頭去，發現是母親的來電顯示。她一定是打來跟他確定明天的班機。

「喂，媽。怎麼啦？」他用西班牙文說著。

他能聽見另一端的聲音全被他母親在電話中一遍又一遍大叫著某事而一直打斷，背景音樂更將一切聲音弄得模糊不清。

「我幾乎聽不到妳的聲音。妳還好嗎？」

「他死了！他死了！」她尖叫。

「誰死了？」哦，天哪。是愛德華舅舅。他病很久了。雷蒙在路邊停車。「我很難過，媽媽。我很難過。」

「難過？爲什麼你要難過？他死了！卡斯楚死了！」

「卡斯楚！我還以爲是愛德華舅舅。」

「愛德華舅舅？他人好端端地在這裡跳舞喝酒呢。」

他們聊了一會兒，像是種超現實的對話，雷蒙在五千公里外的寧靜景觀中，彷彿未受到動搖母親世界和他所有親戚世界的變化所影響。他和母親聊完後，坐了好一會。然後走回去騎車回家。

雷蒙的手機又在震動了。他低頭一看。是艾咪。

「嗨。」

「你還好嗎？」她口氣聽來很生氣，幾乎是捉狂狀態。

「怎麼回事？爲什麼我不該很好？」

「你在哪裡？」

「我在騎單車。大概還有三十分鐘就到家了。妳在哪裡？」

「我正站在你公寓外面。我過來拿一本昨晚留在你家的書，只是我無法靠近前門。街上有許多民眾、校警還有電視新聞小組蜂擁而至，停了好多台大型天線的廂型車。福斯電視（Fox）來了。CNN和ESPN也來了。所有的電視新聞台都來了。每家地方電台也都派車出動。你確定一切都沒事嗎？你有沒有想過為什麼會有那麼多人聚集在你家門口？」

「我無法想像。我最近又沒得什麼網球錦標賽獎，或在抗議活動中發表演說。這只是個平凡的一天，除了卡斯楚死之外。我媽媽剛才打電話來。她無法停止——」

「就是這件事。」

「什麼？」

「電視台的人。還有街上以及在你家門口的人。他們全都在等你。他們要等你的回應。」

「他們為什麼要和我談？我只是個打網球的史丹福學生啊。誰會在乎我想什麼？我媽媽就不同了。她能提供他們豐富的受訪內容。但我和卡斯楚一點關係也沒有。我五歲就離開那個島國了。那些全部留在那裡的人一定有什麼其他理由。可能我樓上的男子精神崩潰而且——」

「雷蒙，醒醒吧。你難道還看不出來？你是世界上最有名的古巴人耶。或者至少是還活著的古巴人中最有名的一位。以前是那位留著鬍子、抽著雪茄的男人。但現在他走了，然後就換成你。繼美國總統之後，你是唯一大家爭相訪問的人。」

電話那端傳來一陣長久的靜默。起初，艾咪以爲是雷蒙的手機可能在山上斷訊。接著她聽見他奮力踩著踏板騎車的呼吸聲，他聽進了她的爭論，知道她所言屬實。

「我們可以碰面嗎？找個我不想隨便被認出的安靜地方。」

她想了一會。

「灣地好了。」

「太好了。我大概會在四十分鐘內到達，只有老鷹知道我在那裡。待會在自然保護區中心見。」

於是在一個平日早晨，艾咪和雷蒙兩人到了濕地。燕群漫天飛舞，曼妙的姿態顯然只獻給走在濕地上的兩人。雷蒙和艾咪倚在濕地正中央的觀景台欄杆旁，望著跨越海灣的山巒。

「所以你覺得呢？」艾咪問。

「奇怪而困惑。我對卡斯楚這人從沒太多印象。我媽媽討厭他。但我總認爲，我父親一定覺得卡斯楚還好，或者他沒必要留在古巴。」

「這是你媽媽告訴你的嗎？」

「不。她不愛提這些。或許這是他們對抗的一些事。我始終好奇那是否跟我有關。」

「你站在你父親的立場上想想。你受到大家的愛戴，一舉一動皆受到政府密切注意。你有位年輕的妻子，沒多久，妻子懷孕了。你會想搬到新的國家去嗎？」

「我只想知道自己是否能適應大聯盟的環境。」

「而這點關係重大，但其他原因也一樣。我不確定你能否多談一些對於知道他留下來的事。你常常想到你爸爸嗎？」

「沒有常常。只是每天都想到而已。」

艾咪握住他的手。兩人現在都靜靜望著鳥群。

「你有沒有好奇過，如果你媽媽仍留在古巴，你的生活會是什麼樣子？」

「當然有。美國有很多我看不慣的地方。但這裡卻也有許多事情是我在古巴永遠無法體驗到的。」

「例如？」

「例如網球。網球在那裡不是優先選擇，我有可能成爲棒球選手。或者，誰知道會如何？我搞不好會玩音樂。我會樂在其中嗎？可能。但我懷疑自己會不會像熱愛網球一樣喜歡它。」

「還有呢？」

「這裡生活比較輕鬆。有時我會擔心日子是否太逍遙了。但我知道輕鬆通常是很好的。」

「還有呢？」

「像什麼？」他微笑說著。

「哦，我不知道，每件事。美國這裡的牙線比較好。我確定你可以在這裡想到美國有的、但你若在古巴長大則不會有的其他東西。」

「我想不出來，」他說著便轉過頭去吻了她，一個深邃纏綿的吻。「除了金髮美女以外，」他最後補充。「名叫艾咪的金髮美女。你就是無法在哈瓦那找到那麼多叫艾咪的金髮美女。」

「所以你認為古巴現在會發生什麼事？」艾咪問。「你認為事情會改變嗎？你想看見什麼事發生？你想和媒體或在畢業典禮上聊聊嗎？這就是為什麼大家要過來聽你的想法。」

「我很想知道接下來會發生什麼，感覺就像一個轉捩點。或許，如果事情眞的改變、如果以某種方式改變，那麼某種自由會在古巴出現，我好奇我媽媽會不會想搬回去。」

「那你呢？」

雷蒙聳聳肩。這整件事都太超現實了。

「很難想像。同時，我還有一些更為迫切、進退兩難的事情。對於那些站在我家門口等我的群眾，我該怎麼辦？」

「我也不知道。但我想，我知道有人可以幫你。」

露絲・李柏正在露台上喝咖啡，打算塡完過期的週日《紐約時報雜誌》（*New York Times Magazine*）的塡字遊戲，同時等著預期的電話鈴響。五個字母、墨西哥女演員。她毫無頭緒。也許她需要再多塡幾個字。她的思緒漫遊到她最喜愛的網球選手和他即將發表的畢業致詞。史丹福校長稍早打過電話來，提醒她鮑伯・巴克曼會進城出席他女兒的畢業典禮。問露絲是否打算趁他在城裡時和他碰面，以簽訂那個新的跨學科中心合約？

他的女兒！露絲竟然忘了柯蒂麗亞・巴克曼。眞是混亂。如果雷蒙・費南德茲在畢業致詞中，當著台下鮑伯・巴克曼在內的群眾把大盒子捅上一刀，那她只好和下一筆的大盒子贈款說再見了。還有更多的事會接踵而來。她該怎麼處理？嗯，只是一筆錢而已。好吧，是很大的一筆錢。但這件事她無法想出任何解決之道。

此外，她還得想想雷蒙·費南德茲的世界。他是比鮑伯·巴克曼還好的同伴，而且他還有潛力成為至少像巴克曼總裁這樣有影響力的校友。起碼那是她為自己的毫無行動所說的辯解之詞。讓他一人搞定的確是很無厘頭的行徑。乾脆忘了吧，她告訴自己。於是她又回到填字遊戲中的墨西哥女演員提示，第一個字母是H。一無所獲。她遂放下填字遊戲，看見雷蒙穿過側院走過來，艾咪則跟在他旁邊。

「不好意思打擾妳，」雷蒙說。「電話沒人接，門口也無人回應。」

「你們還好嗎？」露絲想到，必定是有非比尋常的事發生了，他們才會出奇不意到訪。

「卡斯楚死了。」艾咪說。

「我知道。我看到網路新聞了。」

「它對雷蒙造成了一點小問題。」

艾咪遂解釋了媒體蜂擁而至雷蒙公寓門前的情形。

「它也把我的生活整個弄亂了，」露絲說。「雖然你們現在看到我這裡還比較安靜些。」

「怎麼了？」艾咪問。

「我們主要的畢業典禮發言人可能無法出席。她是前國務卿。上司要召見她，談談古巴的事。不是史丹福校長。是我們的總統。跟什麼『機會之窗』。所以她去了。我並不怪她。她無法保證是否能及時趕回來。我現在正等著她的電話。」

「妳打算怎麼辦？」

「我告訴上司、就是史丹福校長，流程應該直接轉到學生發言人，然後再給他多點時間。反正他擁有強大的巨星魅力，大家都想聽聽他會說些什麼。成爲頭條新聞人物，你應付得來嗎？我猜你已經習慣了，而且我猜你的畢業致詞也寫好了。你寫好了對不對？」

「幾乎寫好了。我正爲致詞該如何收尾而苦思不已。這正好解決了我的問題。我會把卡斯楚和古巴的內容加進去。只要不把演講內容重複講兩遍就好。」露絲搖搖頭。「我現在最大的問題就是如何回到家。」雷蒙說。

「你今天下午，乾脆兩點鐘好了，何不在行政大樓舉行記者會呢？離現在……還有三小時？你有時間想想記者會內容以及準備聲明。晚間新聞的記者也會因取得今晚得交的新聞畫面而開心。我還會派一個媒體相關的人到你公寓前傳話。那應該會疏散一些群眾。」

「如果打算舉行記者會，我這身汗流浹背的模樣應該要換些像樣的衣服比較好。但我可以在網球中心換衣服。」

「我們會幫你準備聲明的部分。我現在打電話給傑夫・賈可布森。他是大學的傳播長。」

「妳不需要做這些，他也不必。這是我的問題，我可以處理。起碼我想我可以。」

「我相信你可以。但你想想，卡斯楚的死訊會成爲今晚的新聞頭條。他們會訪問國務院或白宮的人，還有街訪人員在小哈瓦那（Little Havana）的街頭訪問，以及從你這裡得到的訪問內容。你的談話畫面會在許多電視節目中出現。在你談話畫面的下方出現的是你的名字，而你名字之下會出現的則是史丹福大學，那就會成爲傑夫的工作範圍了。他很好，非常優秀，能幫你達成最出色的表現。相信我。」

雷蒙了解，情況確實如此。

「別這樣，」她鼓勵他。「我會跟你一起去。我反正也有些畢業典禮的細節要和傑夫商量。」

於是在賈可布森的協助下，雷蒙精心籌劃了記者會的開場聲明。接著賈可布森傳授雷蒙他認爲記者會上媒體可能提出的問題。演練完畢後，雷蒙順道去了露絲辦公室，感謝她的協助。

「雷蒙，這是我的榮幸。我會懷念和你聊天的時光。即使只能在電視上看到你贏得錦標賽也一樣。」

「總是懷著最樂觀的態度看待。很感謝妳對我這麼有信心。我也會想念妳的。」

「保持聯絡。你有空看了我給你的那幾本書後，寫個電郵給我。」她低頭看看錶。「你該走了。你得在兩點前趕回這裡。」

她說得沒錯，他得起身出發。但心裡卻有種縈迴的情緒，讓他想問她一直困擾著他的問題。

「教授，爲什麼妳過去這幾個星期會找我聊天呢？爲什麼妳把我當成妳的學生呢？」

她微笑著。她沒想到會被問到，但倒是有想過，他可能會好奇。她深深吸了一口氣。

「我要你了解可能性和財富的事情。我們人類和其他動物非常不同。」

「對啊，我們會打網球而牠們不會。我們念經濟而牠們不會。我們——」

「我其實眞的在想一些比較有趣的事。我們會夢想而牠們沒有。我們想像。我們以計畫的方式展望未來。我們存錢。我們投資。我們運用今日的快樂爲了某些更好的明日，而且我們清楚自己爲何而做。沙克博士（Jonas Salk）夢想著治癒小兒痲痺患者，聯邦快遞創始人弗雷得．史密斯（Fred Smith）夢想著隔夜把包裹送到某人手上的方法，蘋果電腦創辦人史提夫．賈伯斯（Steve Jobs）夢想著在你口袋裡放進兩萬首歌，或是湯姆．華森製造了那個支援網際網路的金色小玩意，或是大衛．康菲爾用雷射並以此找到救命的方法。而不只是這些企業家做著這些夢想之事。我們也會夢想，只要舉個例子就行。現在有好幾百萬的美國人努力過著比以往更健康的生活。他們決心多運動、吃得更好。想想會發生，或眞的發生讓那些計畫和夢想成眞的浩瀚事物。雜貨店裡的新食品。新型的雜貨店。新款慢跑鞋、球鞋和休閒鞋。以新材質製成的新款服飾，流汗時感覺較爲清爽舒適。新款的運動器材，並附有影像。新款單車。更多種的網球拍。新款網球拍。人們製造了這一切並在那些場所工作，以製造、銷售並向大眾解釋可供應的新選擇。有數目龐大的工人和創造者軍隊付諸行動。所有這些想要吃得更好、運動更多的人的計畫，符合了所有致力賺錢以滿足那些需求的企業家的計畫。」

「當然那是很好的事，」雷蒙打斷她。他不明白她打算說些什麼。

「但是是誰確定那些夢想與需求、那些計畫與行動不會彼此衝突、或者同時和數以千計正在進行的其他夢想與計畫衝突？所有工人和原料的資源得都調動到確保經濟中的其他生活不會無助地被干擾？是誰設定這些爭論，規定多少土地用來種植有機食物以及垃圾食物？因為還有更多更好的垃圾食物可以製造。我們究竟生活在什麼世界？你竟然可以喝到有機鮮奶和四種牧豆口味的洋芋片！成為更健康的美國這個夢想並未阻絕那些想躺在沙發上看電視的人的夢想。有些生化學家甚至找出了降低洋芋片中的膽固醇的方法，因此他們無需為不運動付出昂貴的代價。是誰確定有足夠的生化學家、足夠的工程師從事雷射工作？是誰確定耐吉（Nike）找到一切保護所有跑者雙腳所需的橡膠、織物和工人，同時其他製鞋者由於電視節目造成的高跟鞋熱潮，而正尋找材料和工人？是誰讓大衛·康菲爾開發那種雷射醫療，而其他的雷射塗鴉館亦能同時開張？那裡如何總是充滿了似乎是我們所要的事物？而且一切毫無爭鬥、混亂和騷動？我們周遭看不到的和諧資源究竟是什麼？」

雷蒙沒有搭話。她的熱情使他靜默不語。他等她繼續說下去。

「誰是織夢者？」露絲繼續表示。「誰確定所有的夢想都能同時和諧並存？誰將所有的計畫編織在一起，以確定它們平行運作、而非製造衝突？」

「我不知道。從我們先前的對話中，我有種感覺，並沒有這個人。」

「沒錯。並沒有這個人。我們每個人都有各自希望與夢想的獨特繩索，然後將其加諸在他人的繩索上。然而，不知爲何，他們全都彼此結合，我們生活的織毯因而只會增添更多趣味、變化和人性。但是我們的選擇如何在沒有織夢者的情況下，設法做到緊密結合？我們其中有些人如何能成爲素食者、運動狂熱者、懶人、熱愛吉他、園丁、工程師、老師，以及一切我們所需的產品和工具，都在那裡等待我們，但我們卻在不讓他人知曉自己打算選擇何者的情況下存在？那一億名中國人如何離開鄉下進城，而他們的孩子如何使用鉛筆和單車、卻仍有石墨製成你在網球場上揮舞的魔法球拍？是誰送出紙條要把一切的努力化爲行動、確保所有的夢想都能和諧並存？」

「沒有人，露絲。這是跟妳學的。但我不知道它是如何發生的？」

「是價格。我們的選擇之所以會緊密結合，是因爲萬物價格可以調整並且操控遍及整個經濟的資源和知識。在艾咪上的課裡，我們學到價格如何施展神奇魔力。這點你和我都沒時間去做，但我們卻有時間讓你一窺此神奇魔力的奧妙之處。我們只看到自己掛毯的一個小角落，無人能一窺全貌。但系統的天賦異稟之處即在於，我們的小角落就是我們所需看見的一切。沒有人得知道萬物價格，即使萬物價格總是因應所有在我們不可置信的動態經濟（dynamic economy）中即將發生的一切變化而調整。石墨擁有者可以專注在石墨價格上，並將其餘時間用來學習如何自地底找到石墨的更便宜途徑。由於沒有人必須知道萬物價格，我們的知識因而成長、世界變得更好，而且沒有人必須主宰所有同時湧現的夢想、以確保它們皆以某種形式緊密結合。我要你了解這些，關於可能性的詩意。」

雷蒙再次研究他面前這位女子的臉部表情。雷蒙沒有看到任何一絲狡詐、詭計或是操縱。莫非她想如抗議活動之前所言的幫他嗎？在那場從未提及的演說中指引他避免誤入歧途、免於困窘？爲什麼她不乾脆親自出馬、直截了當說清楚？難道她只是害怕如果眞的表明立場，只不過會強化了他對於堅持自身信念的決心？也許還有一些更深層的事情正在醞釀，一些他感覺到、但卻無法掌握的事情。他不禁好奇，她究竟在編織著什麼夢想。

「我要你了解，」露絲繼續說著，「我們在世上周遭觀察到的榮耀之事，並非某人意圖的結果。這世上存在一些奧妙，亦即人類創造事物，而我們卻無任何一人能夠完全了解它。感謝這些正是受教育者獲得的一部分。有一天你會很高興知道這些。」

「有一天還是星期天？」他問道，同時想了解究竟是什麼驅力推動著她。

「星期天？你說的星期天是什麼意思？」她停下來，滿臉困惑。後來她聽懂了，開始大笑。「你認爲我找時間和你聊天是跟你在星期天的畢業致詞內容有關？」雷蒙完全一頭霧水。她整個人對他是個謎，要不她就是一位在銀幕或舞台上前所未有的偉大女演員。

「我不關心星期天的事，」露絲搖搖頭說，重新恢復鎮定神情。「只要你的致詞說得好，隨便你想說什麼。記得發自內心致詞。否則你會和其他畢業生發言人一樣徹底失敗。記得發自內心致詞。」

好一位女子，他心想。在某種意義上，她只是想實踐她所宣揚的理念：任事情自由發展。但雷蒙曉得任事情自由發展並非露絲‧李柏生命中唯一的策略。他從艾咪口中知道，她備課向來嚴謹而認眞。她並不期待授課內容在未經計畫下冒然呈現，即使她的經濟學故事，提到那些讓大家在各自經濟範疇內計畫並使用本身可運用的資訊，講起來總有種未按部就班的舖排風格。所以除了阻止他發表演說之外，她究竟想做什麼？看來她打算給他一個更大的舞台發揮。雖然關於讓價格在災難後運作的智慧這點，她並不贊成他的意見，但在某種意義上，她是否同意他的看法，認爲從大盒子身上拿錢是個錯誤？他不知道該想些什麼才好，倒是了解她提到要發自內心演說的建議是眞的。他會全力以赴，但他仍然需要找到致詞的結尾部分。

雷蒙走到網球中心更衣。他打開置物櫃，看見上層貼了一張便條。便條上畫了一個大箭頭指向置物櫃底層。那裡有個包裹和一張卡片。他打開卡片：「親愛的雷蒙，祝福你順利畢業。露絲・李柏。」

雷蒙微笑打開包裹。原來是一本書，但他意外的是，那是一本瑪麗・奧利佛（Mary Oliver）的詩集，而非他預期的什麼關於浮現秩序的經濟學論文。露絲在書籤上寫著：「別錯過這本書。」雷蒙遂坐在置物櫃前的長椅上讀詩。接著他又看了一遍。或許這根本就是一本經濟學的書。

12 狂野珍貴的人生

隨著靈柩被抬到地面，鳴槍致意，一代強人走入歷史的事實，才算真正顯現。長達數小時的演說，皆由公營電視台盡忠職守全程播放。街上一片肅穆，歌舞昇華的場景不再，雖然深夜在私人住宅中，有人神色緊張地舉起蘭姆酒低調行事。

有什麼事情真的改變了嗎？一切的權力與權威依然高高在上嗎？還是其他人已經開始有發言權，那位有領袖魅力的將軍、有報社編輯說是美國暗中資助的，看來為人正直、只懂甘蔗不諳政治的農業部長，還有卡斯楚的姪子、有人說他有意改革？但現在誰會在乎？在卡斯楚走後，現在會是同一票人領導，還是有些事情確實將有所不同？

改變的風潮會吹到古巴嗎？邁阿密的古巴美籍社區在電話裡、家裡吃晚餐時、酒吧和餐廳全都熱烈討論。舊金山、華盛頓首府以及紐約的所有古巴美籍社區亦議論紛紛。及至大家對於討論古巴的民主、甚至多一點的自由、潛藏在背後的更大問題等機會感到厭倦後，一切的問題遂煙消雲散。

露絲．李柏在畢業典禮那天很早就醒了。她打開電郵，看助理前晚才傳給她的當日最新行程。這天就從和鮑伯．巴克曼以及文理學院院長的早餐展開序幕。她不太確定該如何處理。警告巴克曼當日隨後可能發生的事？還是讓畢業典禮的活動順其發展？或許雷蒙的畢業致詞內容終將無傷大雅、順利結束。可是萬一雷蒙的致詞內容充滿煽動鼓譟、進而貶低大盒子，那麼巴克曼一定會怒不可遏。她決定放手一搏，靜觀其變。要是雷蒙的致詞內容效果不錯，她敢打賭巴克曼一定會送上一份大禮。要是雷蒙的致詞內容變成一場大災難，那麼事前對巴克曼做任何最壞打算的準備也無濟於事。此外，巴克曼的千金也會湊一腳。那可能有辦法把事情平緩下來。

雷蒙一樣起得很早。露絲．李柏給了他致詞結尾內容的解決之道。只是致詞內容不是他想要的方法。若加上一點卡斯楚和古巴似乎有點造做，做爲已寫好的第一部分延續好像有點牽強。大一新鮮人上的作文課是怎麼教的？提到若不符合文中風格，則要狠狠刪去自己心愛的段落。他得做得更好才行。

露絲這頓早餐吃得怡然自得。當然，巴克曼尚未看到畢業典禮當日的活動內容。他不知道雷蒙將上台致詞，而露絲也沒告訴他。早餐大部分時間都在巴克曼和女兒柯蒂麗亞的聊天中過去，他女兒是個相當討人喜歡的年輕女生，完全違背了人類行爲天生與後天的理論。

早餐後，露絲走到體育場確認事情一切順利無誤。其實根本不需她親自出馬，她底下的人各個能幹傑出，不過露絲還是喜歡體驗畢業典禮當天體育場的氛圍。她喜歡看著體育場人群漸漸聚集。她喜歡端詳每位家長，對於子女苦學有成露出驕傲又欣慰的神情。她還喜歡看著學生們一張張的臉孔，雖然仍是父母的心肝寶貝，卻已展開雙翅、準備迎向未知的人生。

典禮開始了。大學校長歡迎家長們遠道前來，接著向大家介紹雷蒙上台。露絲不禁用眼角注意到鮑伯．巴克曼差點從椅子上站起來大發雷霆，幸好坐在旁邊的妻子死命拉住他的手臂，並在他耳邊輕聲說了幾句，似乎是提到他們的女兒之類。露絲安靜坐著，發現她心裡想的既非大盒子、亦非漲價，而是教書與投資經濟學。

露絲對於投資一事，最愛的比喻就是種種子。埋下的種子遠在長成大樹之前即有其價值，因爲其潛在的利益便足以賦予其價值。教書就是埋下種子。知識、或者更好的智慧，都是一種投資，像樹一樣不停生長、茁壯。然而卻不像果樹，你根本不曉得這棵樹何時結果或者結什麼果。露絲不曉得她教書的內容有沒有影響她即將聽到的演說，可能有更多陽光和暴雨交錯出現。她不知道這場演講對於她和鮑伯．巴克曼之間的關係是利是弊，反正無論如何，她打從心裡確信她教給雷蒙的內容，會在某時某處發揮良效。雷蒙踏上講台對著麥克風說話時，她一直如此堅信著。

「我要上台時，」雷蒙開始說話了，「校長祝我好運（譯注：原文爲break a leg）。我告訴他要小心他所希望的事情。因爲我上次在校園發表的最後一場演講時，就差點讓我摔斷了一條腿。」

台下觀眾哄堂大笑。露絲稍微鬆了一口氣。甚至巴克曼也微笑了。

「今天的活動叫做畢業典禮，」雷蒙繼續表示。「我一直很喜歡這個名稱的反諷意味。對我們大部分的人來說，今天是大學即將結束的最後一天，四年前我們踏入這座美麗的校園時，對未來的大學生活仍充滿了不確定感。哦，有些人自認清楚在眼前展開的未來，但人生總有出奇不意的驚喜。你訂立自己的計畫，盡量照著夢想前進，可是經常，超乎你掌控的事情卻改變了一切。」

雷蒙停了一會，看看他的右手邊，露絲．李柏正坐在他身後的台上。他在向她眨眼睛嗎？在露絲看來好像如此。

「我十五歲那年，聽過一個至今難忘的訓斥，今天我想在此與各位分享。那是邁阿密一個炙熱的九月午後，我在練網球。我們正在做一些訓練，累得半死。教練把我們都叫過去，我們單膝跪在草地上，氣喘吁吁、胸口上下起伏、汗流浹背。教練跟我們說了一些鼓勵的話。內容我幾乎忘光了，大概是什麼艱難之路、唯勇者行。但最後他說了一些我永遠不會忘記的話。他最後說：『你的成就就是孝敬父母的方式。』」

「他的意思是，與其聽從或孝順父母讓他們感到光采，當然這些也很重要，你更應該以自己所選擇的人生來孝敬他們。因為這是他們最關心的事情，是他們的回報。因此，當我們踏出大學校門、展開人生旅程後，會成為什麼樣的自己？」

雷蒙停下來，讓問題在空氣中迴盪。

「有天晚上我看了一部電影《楚門的世界》（*The Truman Show*），主角楚門．布班由金凱瑞（Jim Carrey）主演，劇中他是個在最長的眞人實境秀節目中，並非刻意、毫未知覺的明星。他自認過著平凡人的生活，可是每一位他遇見的人，不論是他最要好的『朋友』及至他老婆、在街角書報攤櫃台後的男人，其實都是這齣秀的主腦靈魂克里斯多夫（Christof）指揮下的眞實演員。楚門打從一出生起，即透過電視在數十億觀眾的眾目睽睽下生活。他還受到導演克里斯多夫的巧妙編排，讓他怕水，以免他離開以為是個小島的故鄉，然而他實際的生活卻圍繞著一個巨大舞台忠實呈現。」

「這部電影是在楚門開始好奇他的生活是否為眞實世界而展開。在一個激動的時刻，和他說著話的女人正在扣扣子，然後她說：『它該怎麼結束？』這句話對楚門而言，只不過是個難扣的扣子，但對電視機前的我們來說，卻顯得格外尖銳，因為我們都知道，它是這齣節目的影迷所穿的扣子，而這個『它』指的則是楚門的生活。」

「它該怎麼結束？我們會成為什麼？這問題環繞在我們四周，並在生活中盤旋不去。最後，楚門鼓起極大的勇氣，搭了一艘小船，決心要逃離這座小島，探索自出生以來即渴望見到、在海另一端的世界。」雷蒙停下來，看著體育館某一區，他知道母親正坐在那裡。「這種勇氣並不只發生在好萊塢的電影裡。」

「我們所有人都需要這樣的勇氣去面對人生旅程，以及所有在海和另一端等待著我們的一切。但人生的關鍵就是搭上那艘船。」

雷蒙演說暫歇，深呼吸後繼續表示。

「這個週末我一直在想著船、勇氣和小島，好奇這些會如何為我的故鄉、我的島國以及我們而結束？你和我以及古巴的人民，我們其實都搭著同一艘船，不確定該如何結束、不確定接下來會發生什麼、不確定我們會成爲什麼，但很感謝有此機會去探索畢竟是個精采的開始。一個精采的啓程。」

「它賜給我們的禮物就是有機會開始，跨出第一步，展開偉大的旅程。我想有時我們都忘了在美國生活有多幸運，因爲不會有個導演在背後監視、塑造我們下階段的人生或是參與其中。我們的人生沒有劇本。在美國，我們大部分都是自由過著不按牌理出牌的生活，乘風破浪到我們想去的目的地。因此我們好奇，它該如何結束？我們將會成爲什麼？事實上，我們其實並未眞想知道。我們眞的一點也不想知道。」

「詩人瑪麗・奧利佛（Mary Oliver）在《夏日》（*A Summer Day*）這首詩中形容得最爲貼切：

是誰創造了世界？
是誰創造了天鵝和黑熊？
是誰創造了蚱蜢？
這隻蚱蜢，我指的是——

跳出草叢的這隻，
正在我手中吃著蜜糖的這隻，
她正前後移動、而非上下移動著下顎——
她正用巨大複雜的雙眼四處張望。
現在，她舉起柔弱的前臂，仔細洗淨臉龐。
現在，她張開翅膀，振翅飛去。
我不是眞的明白禱告是什麼。
但我知道如何專注、如何墜入草地、如何跪在草地、
如何享受慵懶和幸福、如何在田野中漫步閒逛，
那是我終日的生活。
告訴我，我還應該做什麼？
世間萬物到頭來一切不都灰飛煙滅、令人措手不及？
告訴我，你打算做什麼？
以你狂野而珍貴的人生？」

雷蒙停頓下來。接著他又念了最後兩句詩。

「告訴我，你打算做什麼？以你狂野而珍貴的人生？讓我們的生命散發出最璀璨的光芒，以孝敬父母，用我們的天賦爲他人奉獻，讓世界變得更好。這是感謝我們無以回報的父母的最好方法。同時讓我們希望古巴人民很快也有機會享受不受導演或劇本支配的未來。願我們皆以狂野而珍貴的人生獲得祝福。願我們在旅途中經常相遇。」

雷蒙鞠躬致謝。台下觀眾掌聲雷動。露絲．李柏極力抑制自己想衝上前去擁抱他的衝動。她讓校長和他握手。她看到鮑伯．巴克曼起身與他握手。她看到學生們瘋狂湧向他。她看到此起彼落的鎂光燈閃個不停。她還看到有位老婦從看台中朝向前台走來。這女人仍在拭淚。她站在恭喜雷蒙的學生所圍成的人牆外。她不按照劇本演出的人生旅程何其不凡。露絲走過去，輕拍她的肩。

「是費南德茲太太嗎？」

這女人微笑點了頭。露絲靠過去，稍微擠出了一條路，好讓希莉亞可以走去擁抱她的兒子雷蒙。

13 結局

雷蒙．費南德茲過了二十年才恍然大悟，明白露絲．李柏當初在他畢業前夕、準備打溫布頓之際，兩人談論經濟學時，她心裡的眞正想法。一個美好的八月天，雷蒙到灣區出差。他搭機飛到聖荷西後，租車前往舊金山，並在中途停靠帕羅奧圖，重溫昔日時光。艾咪此次雖未同行，走訪灣區，享受灣區和濕地吹拂的海風、欣賞飛翔的燕群，以及在海鳥映襯下充滿活力的濕地，感覺依然格外甜蜜。之後他回到母校。

在校園裡停車愈來愈不容易了，好在他找到一處近網球中心的位置，停妥後便步行前往。有一群夏令營小朋友正在側邊的網球場打球。中央的球場則是空的。他坐在看台時，突然湧上一股情緒侵襲著他，驚訝之餘，也使他墜入往日回憶。他停下來看到教練，嘲笑他今天在比賽中場時、如何努力以那些五次格外的連續重擊打完五盤。

他並未走回停車場開車，發現自己正走著一條熟悉的路徑通往教務長辦公室。他知道露絲已經退休了，有、二十年了吧？他們曾有段時間以電郵保持聯絡。他看了她借給他的那些書，同時爲了了解貧富問題，又請教了更多意見。但隨著雷蒙的生活愈來愈忙，電郵的往返頻率也相對變少了。

教務長辦公室感覺並不莊嚴肅穆或氣派宏偉。它只是一間低低的、不起眼的、可屬於校園中任何系館的建築物。雷蒙走進去。

「請問有什麼事嗎？」接待人員問完後抬頭一看。她認出他來。「雷蒙・費南德茲！你好嗎？」

「我很好。」

「你看來好像還能打個五盤的樣子。」雷蒙對她的洞察力以微笑回應。「我能爲你做些什麼嗎？」

「我只是想知道妳有沒有露絲・李柏的消息。妳知不知道她過得如何？」

「我還有幫她收信。大概一個月一次吧。我會把信轉過去，但她每隔一段時間也會過來看看。她體力也慢慢不行了，換過髖關節。現在我想起來了，她兩邊都換了。但她神智還很清楚。就像她愛掛在嘴邊的，她較出色的官能還是完好無缺的。」

「所以她還住在這一帶嗎？」

「對啊。不過她八月都會在濱海別墅。」

「濱海別墅？」

「就是在舊金山北部約三小時車程的海邊。她每年八月都會和家人在那邊度假。」

「下次她來這裡，妳可不可以轉告她，就說雷蒙·費南德茲向她問好？」

「你何不打電話給她呢？她一定很樂意聽到你的消息。」

她遂寫下電話號碼遞給他。對啊，為何不打電話給她呢？雷蒙走回停車場時心想。但他不能。他只能想到不打電話的理由。她真的想聽到他的消息嗎？她和家人在一起時打電話打擾她是不好的。她現在一定超過八十了，很可能還重聽。要用手機交談會不太方便。他思緒很快想到今天接下來的行程，並且忘了他塞進錢包裡的那張寫有露絲·李柏電話號碼的紙條。

雷蒙最後一場會議結束後，把車停在薩特（Sutter）旁的車庫，然後隨興在城裡四處走走，看看他記得的地方，品嚐回憶中蘊涵的酸甜苦辣滋味。一切都沒變卻也一切都不同。他尚未留意，即發現自己正前往碼頭區。眞不敢相信，佩德羅（Pedro's）竟然還在，那是他和艾咪曾經去跳舞的地方。佩德羅已經離去，只是有人仍保留著一樣充滿堅定與魅力交融的風格。雷蒙坐在酒吧，喝了一杯冰啤酒，想著艾咪。

東岸時間太晚了，不然就打給她。是啤酒讓他壯了膽。他在外面四處晃了一會。坐在長椅上望著海水，然後他撥了個號碼。

「喂。」

「請問露絲·李柏在嗎？」

「我就是。」

「露絲，我是雷蒙·費南德茲。」

電話另一頭傳來一陣靜默，雷蒙以爲打錯電話了。他有五次溫布頓決賽在中央球場打球，但這回的靜默卻讓他緊張。

「雷蒙。」她說話的語氣提醒了他。「雷蒙，」她又說了一次。「眞是太高興了。眞開心聽到你的聲音。你在哪裡？」

「我其實正坐在漁人碼頭的長椅上，體驗夜晚的氛圍。我想到我們曾聊過的那些內容。

想著妳最近怎麼樣了。很抱歉我沒打電話也沒寫電郵也沒——」

「別介意。你想過來看我嗎？」

「當然。怎麼啦？」

「你明天有什麼事嗎？」

「雙眼佈滿血絲坐在那裡假裝我想睡個覺。我不曉得爲什麼要傻傻騙自己，認爲去旅行是個好方法。」

「對不起。我只是想如果你有點時間，我會搭車到市區和你喝杯咖啡。」

或許是啤酒在空腹中發生了作用，還是吹著他髮梢的海風？聳立在水中、朦朧可見的惡魔島（Alcatraz）？或者只是二十年前的往日回憶？無論何種原因，總之雷蒙將行程延了一天，那晚住在梭塞里多（Sausalito），翌日早晨驅車前往濱海別墅，選擇無論北上南下都是世界最美的一號公路，沿著山脊蜿蜒穿過綿延的之字形彎路駛向海岸，這裡是北上，因此可見到道路一側的乳牛群，彷彿巴不得有著更短的蹄，以便更安穩站在六十度的坡地上放牧吃草。他從來沒到過這處遼闊的地方。這裡比通往大索爾（Big Sur）的壯麗景致略遜一籌，但卻更爲親切宜人。

他找到了房子，在屋後繞了一會，發現露絲·李柏正坐在露台一張受風吹日曬的路障座椅上，眺望太平洋。雷蒙這才看出露絲如此嬌小，著實吃了一驚。她個頭原本就不高，歲月的痕跡則讓她更顯瘦小。她抬起頭來，但不能起身，她的人工髖關節和她身體的其他部分無法配合。然而讓雷蒙震懾的是，她眼神依然散發著他從前見過的灼熱光芒。她微笑告訴雷蒙，他能過來看她，她有多高興。

「一五一十地把這些年來的生活告訴我。」她指著旁邊的椅子示意雷蒙也坐下。

雷蒙照做了。她知道他贏了四回溫布頓和兩次美網公開賽。她還想知道其他的一切。他和艾咪在她上醫學院時結婚了。後來他不再巡迴比賽，遂在邁阿密創辦了網球學院，他們有兩個小孩，一男一女。他還告訴她，學院經營得有聲有色，以及夫妻倆待在哈瓦那的時間。雷蒙會在週末公開示範網球技法，平日則和地方官員致力為兒童擴展運動機會。艾咪在診所為窮人義診、施打疫苗、處理斷指、替兒童找到完善的供膳場所，以及任何所需的一切。

艾咪喜愛古巴，認為那裡的優美與加州幾乎無分軒輊。她雖不喜歡潮濕氣候而且討厭蜥蜴，但卻愛上那塊土地和那裡的人民。她總是鼓勵他把握任何前往古巴的機會或行程。他們有如神仙眷侶般快樂，他感到非常幸福。是的，他母親仍然健在。她搬回古巴去了，雷蒙在那裡買了幢房子給她。艾咪和雷蒙常常待在古巴，他們也在母親住的同一條街上買了房子。

然後換露絲談到她退休後的生活、她的家人、她偶爾的專欄文章或致編者函，以及她不時會到大學露個臉，讓他們知道她仍能起來走動。兩人靜默。此時，大自然似乎接收到訊號般、火紅的太陽穿過雲霧燒出一個洞，突然間太平洋顯得栩栩如生，湛藍的海水與淺藍的天空相映成趣。

「所以那個傳言是眞的囉？」露絲最後打破沉默問道。

「傳言？什麼傳言？」

「傳言說你正在考慮自今年二月的一年之後挑戰剛薩雷斯（Gonzalez）的總統寶座？」

「露絲，妳現在是在哪些地方看到這些消息的？妳花太多時間上網啦。」

「沒錯。但你還沒回答我的問題。這傳言是眞的嗎？」

他微笑不語。他在舊金山的會議十分順利。他獲得了足夠的支持保證，如此可以眞正放手一搏。民主社會中的選舉，不論老少新舊，結果無可避免都是難以預測的。但他已蓄勢待發，準備迎接任何風險。他猶豫著要不要告訴她，因爲心裡有強烈的預感，知道她對政客沒什麼興趣。雷蒙看看四周，假裝擔心著對話內容會遭人竊聽。

「妳能保守秘密嗎？」他終於問道。

「我能告訴誰啊？」她指著前方的海洋和草原反問。「在岩石上曬太陽的海豹？還是草原上吃草的鹿？」有一會兒，她瞇起了雙眼，微笑退去，可惜雷蒙正望著波光粼粼的大海而未能察覺。她極力抑制自己別去催促他。於是她靜待。

「我打算去做。艾咪知道這事，但我還沒告訴我媽媽。她——」

雷蒙說到一半停了下來。露絲臉上有種他從未見過的神情。是種喜悅、勝利的神韻。這表情他曾在網球大滿貫（Grand Slam）活動中，幾次在中央球場輸給對手時，在對方臉上看過。他也曾在贏球時，在報紙或ＥＳＰＮ裡見過自己臉上這樣的風采。那種表情散發著深深的滿足、權力、主宰，並覆以漠不關心的虛偽掩飾，彷彿統領和勝利都是平凡無奇的尋常事物。突然，他感到手臂上的寒毛豎起，接著蔓延至頸背。

「雷蒙，你還好嗎？我不會跟任何人說的，我發誓。」她說。

他口裡用西班牙文喃喃說了些什麼。

「妳知道，」他說。「妳知道，」他又說了一次，驚奇地搖著頭。「但妳是怎麼知道的呢？」他幾乎是自言自語。

「哦，那只是我在一些部落格上看到的傳言，我——」

「不，妳更早之前就知道了。早在二十年前。妳就知道了。妳究竟是怎麼知道的呢？」他先是微笑，接著大笑出聲。「究竟妳是怎麼可能知道的呢？」

露絲望向別處。她看到太陽躲進籠罩的雲霧後。接著她轉過來看著雷蒙．費南德茲。

「你上過美國歷史嗎？」

「當然，高中的時候上過。」那和他們二十年前的對話有什麼關係？但她這回不能再逃避了。「妳怎麼知道的？」

「這事很有意思，」露絲繼續說著，完全無視他的疑問。「美國第一任總統是誰？喬治．華盛頓（George Washington），他是那時最有名的美國人。第二任呢？是約翰．亞當斯（John Adams）。第三任呢？是湯瑪斯．傑弗遜（Thomas Jefferson）。接著是詹姆士．麥迪遜（James Madison）。接下來呢？是詹姆士．門羅（James Monroe）。再來是約翰．昆西．亞當斯（John Quincy Adams）。」她的重點是什麼？「你知道你得追溯多久以前的美國歷史，才能找到不是開國元勳、他們的親戚或者戰爭英雄出身的總統嗎？」

「我不知道。」雷蒙坦承，並對這個離題的內容給逗笑了。

「我也不知道。好多年沒查了，但如果我沒記錯，應該是一八三六年當選的馬丁・范布倫（Martin Van Buren）。那些早期的總統有一些是巨人。菁英中的菁英。但有些只是頗負盛名，我一點也不認爲他們是最適任的人，不過有知名度。他們大部分都有一些輝煌成就，那對其有所助益。但你若想深入了解選民的一切，卻無需成爲熱衷的政治科學家，特別在國家歷史中的早期歲月。因爲選民極端厭惡風險。投票者沒有時間或誘因、以我們認爲應該會採取的方式去研究候選人。他們喜歡的是有知名度的人，可以信任的人。」

「這表示？」

「即使卡斯楚還活著，你也是世界上最有名的古巴人。」露絲說完後停頓片刻才繼續說下去。

「我不知道你是否打算競選古巴總統。但有些事情我老早就知道了。我知道卡斯楚不會長生不老。我不知道一個受人景仰的民主社會會不會漸漸在古巴出現或者存活？但我猜想是有機會。而且我知道你擁有比知名度更多的東西。知名度對剛薩雷斯來說輕而易舉。但你還有頭腦，具有領袖魅力。我那時看出你在校園中、站在大盒子大樓門口對著群眾所做的一切。除此之外，你更關心事情。你關心你的國家。多年前的六月某個星期天，我在那場畢業典禮上看到了。所以你說我知道嗎？我當然不知道。但我想，如果你願意，你有很好的機會起碼當上加州或者邁阿密州的參議員。」

雷蒙靠著椅背，對於露絲．李柏的才能佩服得五體投地，但他仍打算再低估她一次。

「我再告訴你，」她繼續說著。「也算是一種自白。知道這世界如何運作並非那麼珍貴。了解價格如何浮現、創新如何運作亦非那麼實用。我記得早年工作時，有位編輯退了我的稿。我當時根據我的原理課程，為大眾寫了一些經濟學的入門書。她說那本書很棒，但卻無法幫大家減肥、降低高爾夫球得分、改善戀愛生活或者讓他們致富。它不會有銷路。而了解二十年前我們所談內容之人，是少數的經濟學家和學生，對於嚴肅經濟學中的矛盾與驚奇醉心迷戀，因為我們只是單純地享受它本身的知識。就像能夠分辨海鷗與鸛的不同，或是夜晚看著星空可以叫出星座的名字。那是文明人類的一部分。但了解經濟學卻要有一小部分的真正實際應用。它有助你投下明智的一票。對這世界的複雜有些概念，教你對權宜之計抱持質疑態度，同時了解大部分的政治承諾其伴隨而來的束縛，遠比溜溜球玩具工廠生產的繩索還多。這在選舉投票時是極為實用的知識。但還有個地方甚至更有用。那就是在白宮的總統辦公室或者古巴那間不管叫什麼的總統辦公室。我想要——」

她的聲音中斷了。她用盡全力慢慢從椅子上站起來，站在他面前，現在她的視線與他的平行。她流下了眼淚，但仍繼續說著。「我早年花了許多時間爲學術期刊寫學術論文，有少數學者看了都覺得很有意思。但在課堂上，這些年來我卻教導數以千計的學生認清這個世界的複雜。他們之所以會修我的課，有些是爲了得到學位而必修，有些認爲修過經濟學的學分會讓他們的履歷表風光一點，但有些人修我的課卻只是因爲他們想要了解經濟學。我看得出來你就是屬於想要了解的那種。而且我猜有一天、有一天了解經濟學會對你有利。我希望你擁有有朝一日我認爲你會需要的工具。但我卻無法在許多對話中將那些內容給你。因此，我想或許可以點燃一些火苗，讓它日後發出璀璨火花。這是身爲老師眾所企盼的一切。同時，在我最狂野的夢想裡，總希望自己能活久一點，親眼看看你日後的人生際遇。現在我很高興終於盼到這一天了。」

露絲擦了眼淚，又坐下來。雷蒙傾過身子，隔著兩人座椅的空隙，握著她的手。他沉默無言。他不能確定她二十年前的努力是否是他至今聽過最感人、最不切實際、愚蠢或者聰明的事。他看著這位坐在他身旁的女人，對她當初在一個毛頭小子身上花的時間感到由衷讚嘆。接著他告訴她這些事讓他聽了有多驚訝。還跟她說了那時的心境，當時如何認爲抗議活動和「狂風暴雨」以及他的演說彷彿是全世界最重要的事，及至卡斯楚死亡，之後又略懂了一點事。當你二十二歲時，你如何以爲、不，是你清楚知道，你是世界的中心。直到自己又虛長了幾歲，才發現事實並不盡然。如果你想變成大人，還有什麼比徹悟這點更重要嗎？

他們後來又熱切討論了所有雷蒙在選舉中即將面臨的考驗，以及可能伴隨而來的事情。最後，雷蒙得走了。他得趕搭飛機回去。他抱了她跟她道別，知道此生有可能再也看不到她，但他保證會寫信和打電話，是的，如果他選舉一切順利、如期當選，也會向她請益。

雷蒙離去後許久，露絲仍坐在原地凝視大海，看著大海如何吞噬了夕陽，直至氣溫轉涼，晚風吹拂，繁星閃爍。生命何等奇妙，她心想。你在學校用功苦讀得到優異成績。然後懷著偉大夢想進了研究所。畢業後，你從事偉大的工作，或者起碼是份正直的工作，寫了那些在下筆時知道會改變世界的研究論文，然後你發現事實是：世界很難改變。只有少數學者有此天賦，剩下的人只不過和其他人以相同的方法在成堆的內容中東添西湊。哦，表現最佳的還擁有顯赫聲望、微不足道的榮耀和爲數不少的金錢。但惟有上乘之作才眞正有其意義。

那些在課堂上的所有時間、那些無需歌頌的所有時間，皆在教誨、威嚇、刺激和力促學生透過你發現如此讚嘆的鏡頭去看看這個世界！單調乏味的評分時間、辦公時間，那時大批學生到訪僅僅是爲了避免得到壞成績。如此多的歲月平白浪擲，宛如一場暴風雨把樹木的種子吹散。有許多落在岩石地表、貧瘠土地、被無可避免的大雨或不夠強勢的雨水沖走。有些種子則可落在完美的土壤中落地生根，但要著火燃燒才能讓它自由。而這場火從未出現。

身爲老師，必須知道有些種子會奇蹟般地落地生根，以此求得慰藉。有些深悉洞察，在生命心神意亂的風暴中被沖刷殆盡。但每隔一陣子，只要有一位良師，遇到紅木或紅杉般出類拔萃的學生，他將你的傳授重點銘記在心，並讓一切變得不同。而且如果你運氣眞的不錯，還有機會目睹這棵樹成長茁壯。

露絲並未奢望能夠活得更久，見證故事的後續發展。其實她已見得夠多了。她十分欣慰還能活到這把年紀，看著自己塑造出的生命變得更加狂野而珍貴，遠超乎她第一次遇見雷蒙·費南德茲時的想像。

猶太法典《塔木德經》（*Talmud*）上說，當製香者勝過製革工。最好是有份聞香的工作，雖然亞當·史密斯指出，約在一千年後，製革工將炙手可熱，酬勞會遠勝於現在，進而讓人們放棄更迷人的聞香之道以消磨時間。露絲·李柏感到無比光榮，知道她這一生從事的是聞香工作，以香水的知識和智慧辛勤耕耘，而成果極爲豐碩。

還有幾公里就到海岸，雷蒙把租來的車調頭轉向一號公路。他極盡疾馳，不只爲了趕搭飛機，他其實有充裕的時間，而是享受駕馭車子的愉悅欣喜，一種他始終擁有的天賦才能。公路十分陡峭，彎道極爲險峻，雷蒙幾乎感覺自己在溜冰，不斷曲折迴轉至海岸，而大海總是位於右方，一路上車跡罕至。危險與喜悅交錯的情緒縈繞，此時若他坦誠不諱，這種喜悅的心情完全源自危險的因素。

接著他突然放慢車速。他在做什麼？和露絲的談話及時將他拉回現實。他已不再年少輕狂。家裡還有老婆小孩，還有整個國家或許正等著擁抱他。於是他放慢了速度。慢慢來，他心想，專心開車。

然而他的思緒卻飄渺不定。他想到右方的浩瀚海洋，左方則有高聳樹蔭環繞。繼續向前，他想著，然後看到了優勝美地（Yosemite），這是他和艾咪大三時第一次見到的情景，從看守著山谷的冰河點（Glacier Point）欣賞半穹頂（Half Dome）的落日黃昏。接著登上並超越落磯山，飛快掠過他心中所見的中西部大草原，朝向東南前進，現在他可以看到邁阿密，他和母親當年日夜居住的地區，思緒不知爲何繼續向前，幾乎就到了，哦，就是那裡，那狹小的海峽與島嶼正等待珊瑚水域中的璀璨寶石綻放光芒。

他想像父母來到面前，他擁有的那張照片裡，年輕熱戀的他們，在一切似乎仍是大有可爲的年代，漫遊哈瓦那著名的Malecon濱海大道。雷蒙年少時，曾問過母親關於父親的事蹟、他的棒球生涯，以及他們相識的經過。他愛聽爸爸的棒球故事，但父母相遇的緣由卻總讓他念念不忘，因爲聽過太多次了，他隨時都可以在腦中倒帶播放。

「有人邀我去參加宴會，」只見他的母親娓娓道來。「地點就在海灘旁這棟古老氣派的莊園。那是一九六〇年。那年我十八歲。改革還不到一年，到處仍充滿著振奮、而非絕望的氣息，希望仍然戰勝了經驗。」

「妳只有十八歲？」

「我不知道我的人生該何去何從。但自從那天在宴會裡遇見你父親後，我就明白了一件事。我打算嫁給他，或者起碼會努力做到。」

「他那天也參加了宴會嗎？」

「那天任何人都出席了。但你父親不只是任何一個人。那晚只有卡斯楚比其他賓客得到更多的目光焦點。或許不只是卡斯楚，因爲大家都想和荷西．費南德茲聊天。他那年二十四歲。還稱不上是他生涯的顛峰，但已是眾星之中的耀眼明星。而且你無法想像古巴人有多愛棒球。」

「繼續說。」

「宴會從屋內一直延伸到眺望大海的露台。繁星夜空，樂音悠揚。」

「樂隊那時演奏什麼曲子？」雷蒙知道答案，但還是一問。

「就是那首《來跳碧琴舞》（*Begin the Beguine*）。那是在你不能演奏美國曲子的不久前，後來一定得演奏古巴人、而且只有特定古巴人的音樂才行。但那時尚是改革初期，所以科爾·波特（Cole Porter）的音樂還是安全過關。那首歌有些部分唱到我心坎裡。我得跳舞。然後我喝了一兩杯。我不常喝酒，但彼時我父親正和幾位商人聊天。而我正看著荷西·費南德茲。他被一群男人團團圍住。我敢說他們正在聊棒球。」

「妳怎麼知道？」

「你父親擺出揮棒的姿勢，舉起一支想像的球棒，準備揮出神奇非凡的一擊。接著他變成一個投手，極度渴望投出一記穿過閃電般揮棒的快球。他正細數著一些精采的打擊事蹟。在一群人聽得津津有味、在他身旁顯得揚揚得意時，我靠近那群聽得入神的男人圈。酒精、音樂、繁星，全都悄悄壯大了我的膽子，甚至比平常更勇敢。」

「妳做了什麼？」雷蒙保持一貫的問話模式。

「我請他跳舞。」

「然後他說好？」

「沒，他只是笑笑，然後繼續和人說話。但我堅持立場。我想脫離那圈子跑回家。但我堅持立場。接著樂隊開始演奏新曲，讓他的故事講到一半嘎然停止，於是他轉向我。」

「是什麼曲子？妳記得嗎？」

「我記得。是《飛越情海》（*Beyond the Sea*）。我愛那首歌。現在還是。你父親一定也喜歡。他故事講到一半然後轉向我，問了我的名字。我告訴他是希莉亞。希莉亞，妳想跳支舞嗎？他問。」

「然後妳說好？」

「我什麼也沒說。我的心蹦蹦地跳。我沒回答，只把手伸出去，跟他一起走入舞池。我把手交給他，然後把我的心也交給了他。」

他母親總是把故事說到舞池的部分結尾。但雷蒙總想像著兩個年輕人跳完舞後，手牽著手、凝望大海，那片大海信守了所有海岸線呵護的誓盟：明日的承諾、一望無際的地平線、以及變幻莫測無可預期的驚濤駭浪。他們無法想像眞正隱藏於大海之後、甚至明日之後的一切。愛情、婚姻和孩子接踵而至。只是死神太快來敲門，接著是戲劇人生與苦活勞動，還有他母親曾給他的一切美國承諾。這一路上，以無比的勇氣伴隨著無可預知的未來匍匐前進。現在他正折返、穿越相同的海洋找到未來的嶄新氣象。他想到艾咪和孩子以及即將到來的一切。我要回家了，他喃喃自語。我就要回家了。

資料來源與深入閱讀

我寫這本書是希望能讓初學者與專家對於我們生活中價格所扮演的角色，有更好的了解，清楚它們如何在消費者與企業家的競爭欲求之間建立和諧，以及如何操控資源與知識、進而改變並維持我們的生活水準。有興趣進一步學習者，可閱讀海耶克（Hayek）的〈知識在社會中的運用〉（*The Use of Knowledge in Society*）（《美國經濟評論》（*American Economic Review*），一九四五）以及李奧納多．里德（Leonard Read）的經典作品〈一枝鉛筆的故事〉（I, Pencil），這兩篇文章皆可見於網站Econlib.org。我對這些想法的分析處理，有時也結合了海耶克對於傳統供給與需求分析的見解，並可參考網站http://www.invisibleheart.com。若想了解「供給與需求」（Supply and Demand）、「企業理論」（The Theory of Firm）以及「價格與知識」（Prices and Knowledge），並想深入了解知識在經濟生活中的角色，則可參考湯瑪斯・索威爾（Thomas Sowell）的著作《知識與決策》（*Knowledge and Decisions*）（Basic Books, 1996），以及詹姆士・索羅維基（James Surowiecki）的《群眾的智慧》（*The Wisdom of Crowds*）（Doubleday, 2004）。

本書的核心是探討「浮現秩序」（emergent order）的概念。如果你想了解更多浮現秩序的內容，可閱讀海耶克的《不要命的自負：社會主義的種種錯誤》（*The Fatal Conceit: Errors of Socialism*）（芝加哥大學出版社，一九八九），但別理會此書的標題，它其實並非闡述真正的社會主義。若想了解一般的浮現議題更受歡迎的探討模式，則可參考凱文・凱利（Kevin Kelly）的《失控》（*Out of Control*）（Perseus Books Groups, 1995）與史蒂芬・強森（Steven Johnson）的《浮現》（*Emergence*）（Scribner's, 2001）。浮現的想法明顯影響了珍・雅各（Jane Jacob）的經典著作《偉大城市的誕生與衰亡：美國都市街道生活的啓發》（*The Death and Life of Great American Cities*）（Random House, 1961）。她最近的著作《經濟學的特性》（*The Nature of Economics*）（Modern Library, 2000），則明確探索浮現與特性以及經濟學之間的關聯。麥可・羅斯查得（Michael Rothschild）所著的《生態經濟學》（*Bionomics: Economy as Ecosystem*）（Henry Holt, 1992）亦有類似的探討。兩者皆強調經濟學中根本的、浮現的、未經設計的層面，亦是我在本書中企圖掌握的內容。

在經濟成長方面，可以查詢網站http://econ161.berkeley.edu/TCEH/2000/TCEH_2.html，閱讀布萊德・迪隆（Brad DeLong）未發表的論文《豐饒》（*Cornucopia: Increasing Wealth in the Twentieth Century*）。內容充滿令人驚嘆的數據，以及對於生活水準轉變的深入洞察。接著閱讀由大衛・韓德森（David Henderson）編輯的《經濟學簡明百科全書》（*The Concise Encyclopedia of Economics*）（Liberty Fund, 2008）中保羅・羅默（Paul Romer）撰文的〈經濟成長〉（*Economic Growth*），亦可查詢網站EconLib.org。羅默於該文中表示，「一九八五年，我付一千美元買內含百萬電晶體的電腦記憶體。到了二〇〇五年，同樣的東西卻花不到十美元。」這種便宜好幾百倍的價格，即是透過創新改變我們生活水準的另一例。它甚至比降低雞蛋價格更爲重要。保羅和我在網站EconTalk.org亦進一步討論了這些想法。

羅伯特・盧卡斯（Robert Lucas）在論文《工業革命：過去與未來》（*Industrial Revolution: Past and Future*）中，對於經濟成長的歷史以及如何演變的內容亦有精闢入理的介紹，該文由明尼亞波利斯聯邦儲備銀行（Minneapolis Federal Reserve）發行，並爲該銀行二〇〇三年年報的一部分。至於我和盧卡斯對於經濟成長的後續討論，可見於EconTalk.

org。另外更可閱讀未獲得充分賞識的史坦利・雷伯格特（Stanley Lebergott），其著作《追求快樂》（*Pursuing Happiness*）（普林斯頓大學出版社，一九九三），全書充滿了無可置信的客觀事實，作者的文筆亦讓人讀來饒富興味。這本書風格迷人，但我特別推薦黛德瑞・麥克勞斯基（Deirdre McCloskey）所著的《資產階級美德》（*The Bourgeois Virtues*）（芝加哥大學出版社，二〇〇六）前五十四頁的內容，該書對於資本主義如何豐富我們物質與心靈層面的生活，有著卓越非凡的介紹。最後建議閱讀熊彼得（Schumpeter）著作《資本主義、社會主義與民主》（*Capitalism, Socialism, and Democracy*）（Harper Perennial, 1962）的第二章，這是描述資本主義的原動力寫得極爲出色的一百頁內容。

1. 跳脫框架思考

我之所以選擇家得寶（Home Depot）做爲雷蒙與艾咪首家購物的商店，是因爲家得寶宣稱他們不發災難財，從來不在颶風或天災之後漲價和剝削顧客。像家得寶和沃爾瑪（Wal-Mart）這種大型公司，經常藉由在天災過後讓商品價格維持原價以加強商業信譽，起碼對先到先得的顧客而言是如此。但近年來，由於競爭與技術，價格在天災過後上漲的幅度較低，這是因為較好的庫存管理與天氣預測，故降低了對受影響地區迅速提供補給的成本。在此感謝史賓賽・英格蘭（Spencer England）對我指出這點。

二〇〇三年九月，伊莎貝爾颶風（Hurricane Isabel）重創華盛頓首府。我有位學生的丈夫是承包商，她告訴我，她先生對於哄抬發電機物價的人感到深惡痛絕。我說，承包商當然想取得備用的能源補給，因此當然得為此付出高價。不是的，她解釋，他已經有一台備用，只是考慮再買第二台，但因價格漲了一倍，故放棄了。有人因而買到了那台發電機，而我對於較高的價格也有了更詳盡的了解。

2.計畫失控

這則在露絲圖書室裡的畢業生故事，取自羅徹斯特大學（University of Rochester）校園中流傳的史坦・英格曼（Stan Engerman）的類似軼聞。

至於露絲提到的鉛筆故事，則是我對先前提及的李奧納多・里德經典文章〈一枝鉛筆的故事〉所獻上的敬意。里德在書中以第一人稱敘述一枝鉛筆如何需要數百萬人的分工合作而製成。對於一個簡單的產品生產，竟需要複雜的協調工作，投入數以千計的個人，大家在互不相識或並未分享共同目標的情況下分工合作，這可能是故事最吸引人之處。我又找了許多類似的例子，包括亞當・史密斯（Adam Smith），以及在自由與經濟圖書館（Library of Economics and Liberty, Econlib.org）論文《合作奇蹟：秩序如何在無意識的計畫者安排下浮現》（*A Marvel of Cooperation: How Order Emerges Without a Conscious Planner*）中的羊毛大衣。

有關Dixon Ticonderoga鉛筆組裝的細節部分，則來自密蘇里州凡爾賽（Versailles, Missouri）Dixon Ticonderoga鉛筆工廠的參觀行程。在此感謝Dixon Ticonderoga鉛筆的瑞克・喬伊思（Rick Joyce）安排這趟行程，以及工廠經理法蘭克・莫非（Frank Murphy）抽空並耐心解釋工廠的運作過程。這趟行程和我曾參觀過的汽車工廠和瓶裝工廠對照之下，其中最令人震撼的，就是現代化工廠中竟然只有數名工作者。每件工作皆爲機械化與電腦化，而少數員工在工作中的主要任務只是監測流程。李奧納多・里德寫出這則故事時，西洋杉木板有八個凹槽，而這個夾板可製造八枝鉛筆。但法蘭克・莫非告訴我，原本只有七枝而已。今日，由於切割木板的鋸子經過精確改良，因此相同的西洋杉木板如今可製造出十枝鉛筆。這又是另一個降低成本的創新案例。

3. 物以類聚

我在雷蒙和艾咪相遇及聊天的灣地擁有許多快樂時光。也就是在那裡，一位觀鳥者告訴我他的所見所聞，說他見過長腳鷸、塍鷸和反嘴鷸在飛翔中共同建立了臨時替任的鳥群以追逐老鷹。我當時忘了問他的名字，希望他所言屬實。如果您是鳥類權威或是狂熱的觀鳥者，可以確認此一觀察行爲，煩請告知。

4. 難以置信

有關更多螞蟻和分工的內容，請上網EconTalk.org，聽聽我和黛柏拉・戈登（Deborah Gordon）的播客（podcast）內容。

本章中大量著墨於海耶克的《知識在社會中的運用》，該書解釋了價格如何協調分散的知識。

住宅市場在每個時間點上，可能並未如住宅價格討論所建議的那般明確清晰。我會選擇以住宅爲例，是因爲全美城市中的住宅存量即使充滿了意想不到的多元化，在房屋既非爲了買賣雙方的善意或貪婪的情況下，競爭仍舊扮演了中心角色。至於生產的故事則是眞人眞事。惟爲顧及當事人的無辜與內疚，故在此更名。

另外，在等待接受流感疫苗注射途中死亡的女子與其他住院治療的描述，則可查詢網站 http://www.usatoday.com/news/health/2004-10-16-flu-wait-death_x.htm。

7.下金蛋的鵝

在過去一百年中，美國人平均的生活水準變化並無精確的估計。自一九〇〇年起，平均每人國內生產毛額（per-capita GDP）約增加了七倍（Louis D. Johnson and Samuel H. Williamson, "The Annual Real and Nominal GDP for the United States, 1790- Present", Economic History Services, October 2005; URL:http://www.eh.net/hmit/gdp/）。先前提及的布萊德・迪隆（Brad DeLong）在其論文《豐饒》（*Cornucopia*）中指出，每位工人宣稱生活水準增加了七到八倍，結果其實只增加了四倍多，這是因爲今日更短的工作週數列入考慮之故。

這些估計當然只是平均算法，我們更希望有生活水準的中位數測量，而不會過於著重在收入分布最高的部分。無論採用何種方法，都有其缺點，因爲露絲和雷蒙所討論、對於品質控制的基本挑戰會改變。平均或中位收入的人，每天都可以比一九〇〇年平均或中位收入的人買更多東西。然而品質差異卻讓測量那種改變成爲一種挑戰，因爲產品性質如此不同，故以性質處理它們也幾乎成爲不可能的事，就像露絲提到iPod相對於街頭音樂家的比喻說明。迪隆則以今日一個人的中位收入和一九〇〇年該人的中位收入相比爲例。他們的情況更糟糕。一九〇〇年的中位收入需要增加多少倍，才能讓當時的人享受到今日同等的富裕？那個數字是否眞的存在，其實並不清楚。那個人會接受一九〇〇年十倍的中位收入嗎？一個普通的美國人今天會放棄iPod、抗生素、航空旅遊、衛星電視、現代生產、牙科和心臟手術，而換取身爲一九〇〇年首富頭銜的機會嗎？

因此，改變的性質總結在可享用製冰、醫療保健、中央暖氣等，可能更具資訊性，帶給我們對於過去一世紀中對人類物質富裕的改變之感。這些比較主要來自史坦利．雷伯格特的作品。沖水馬桶的數據取自雷伯格特《追求快樂》書中表II.15，家事數據亦出自同書中的表8.1，家庭主婦每週工作時數數據則見該書第五十八頁，自來水和每加侖的運輸量數據則見該書第一百頁，冰盒數據在該書第一一三頁。農場和非農場的每週工作時數則見雷伯格特《美國經濟》（*The American Economy*）（普林斯頓大學出版社，一九七六）書中第九十頁，每戶的房客資料則見同書第九十三頁。

生產死亡率和嬰兒死亡率資料取自美國疾病管制中心（CDC，一九九九年十月一日）《發病率和死亡率週報》（*Morbidity and Mortality Weekly Report*）中的〈公共衛生成就一九〇〇年——一九九九年公共衛生成就：更健康的嬰兒與母親〉（Achievements in Public Health, 1900-1999: Healthier Mothers and Babies）：http://www.cdc.gov/mmwR/preview/mmwrhtml/mm4838a2.htm。

貧富之間明顯差異相對縮小的想法，亦即服務生與捐贈者的故事，則來自唐・布德羅（Don Boudreaux）的深入洞察。一九〇〇年發行的書量源自美國年鑑（The Annual American Catalog, 1900-1909），資料取自Google Books。目前的數據來自網站Bowker.com。

貧者擁有洗衣機、烘乾機、洗碗機、冷氣等的數據資料來自二〇〇五年美國住宅調查（American Housing Survey of the United States: 2005）中的表2-4（第六十六頁）和表3-12（第一六二頁），並可上網查詢http://www.census.gov/prod/2006pubs/h150-05.pdf。一九七〇年全美擁有冷氣的數據取自一九七三年年度住宅調查（Annual Housing Survey: 1973）中的表A-1，並可上網查詢http://www.census.gov/prod/www/abs/h150.html。

一九〇〇年的教師薪資資料（年薪三二八美元）來自《美國歷史統計大全千禧年版》（*Historical Statistics of the United States, Millennial Edition*）中的表Ba4320-4334。以每年四十二週的算法，則一天爲一‧五美元，或約等於一小時賺一打雞蛋，一九〇〇年一打雞蛋爲二十一分錢。蛋價資料來自《美國歷史統計大全殖民時期至一九七〇年》（*Historical Statistics of the United States, Colonial Times to 1970*）（美國商務部兩百週年版，一九七五）中的系列E 187-202，第二一三頁。因此一九〇〇年的教師約花六分之一天、或一個多小時去賺到一打雞蛋。根據全美教育協會（National Education Association）的調查，二〇〇五年學校教師平均年薪爲四萬八千美元。此爲一小時賺二十至三十美元（視工作時數）、或二至三分鐘則可賺到一打一美元的雞蛋，此數據用於文中。

根據《美國歷史統計大全千禧年版》（表Ba4335-4360，劍橋大學出版社，二〇〇六），家事服務員平均年薪爲二四〇美元。以每週七十二小時、每年五十一週來算，一小時少於七分、或者要三小時才能買到一打雞蛋。

雞蛋生產的資料與背景則來自麥可‧羅斯查得所著的《生態經濟學》，並與蛋農聯合協會（United Egg Producers）資深副總裁查德‧葛格利（Chad Gregory）、七葉樹產卵雞場

（Buckeye Egg Farms）的鮑伯．葛尼契（Bob Gornichec），以及自一九四九年起即在蛋業工作、經驗豐富的林納斯．哈特（Linus Hart）交談的結果。今日，最大型的農場擁有五百萬隻以上的母雞。而最大型的雞舍中，單一雞舍就有十七萬到八十萬隻的家禽。根據查德．葛格利的說法，在現代雞蛋管理的產卵部分，由三至五名工人看管高達一百五十萬隻雞。我且把它換算成兩名工人看管八十萬隻母雞。如同在鉛筆工廠裡，這兩名工人的工作多半是監視餵食母雞的電腦化系統、給雞群投藥、回收垃圾做為肥料出售、採卵、透過傳送帶將蛋送至農場清洗、分類並裝箱的地區。那正是林納斯．哈特問我的修辭問題：「你知道我們產業有什麼問題嗎？」然後自行回答：「就是蛋太多了。」競爭激烈。消費者眉開眼笑，而供應商則愁眉苦臉。

一九〇〇年和今日的第三世界，我採用每年每隻母雞下八十顆蛋的數據。根據《一八二三年至一九七三年美國家禽史》（*American Poultry History, 1823-1973*）中的ＵＳＤＡ數據顯示（美國家禽歷史社會，一九七四年，第二一三頁），一九一〇年美國母雞每年平均蛋產量約為八十三顆。我同樣看過在二十世紀不同時期的貧窮國家中，每年每隻母雞的平均蛋產量估計為五十顆。

我編造出大衛・康菲爾和湯姆・華森的故事，雖然這兩位虛擬人物都是我在華盛頓大學奧林商學院（Olin School of Business）與一些企業家共事時的經驗。康菲爾的故事菁華靈感來自瑞秋・娜歐蜜・雷門（Rachel Naomi Remen）所著的《祖父的祝福》（*My Grandfather's Blessings*）（Riverhead Trade, 2001）一書。

10. 沒人管、沒問題

若想閱讀更多發展與貧窮的書籍，可參考威廉・伊斯特利（William Easterly）的《*The Elusive Quest for Growth*》（麻省理工學院出版社，二〇〇一），以及赫南多・德・索托（Hernando de Soto）的《資本的祕密》（*The Mystery of Capital*）（Basic Books, 2000）。

露絲・李柏強調創新故事中無人統領的部分，改變了二十世紀美國的生活水準，雖然她也坦承公費研究亦扮演重要角色。有些人會爭論，這樣的研究在我們生活水準的改變中是一項殘酷的因素。若有人願意研究測量公費與私立研究的重要性，想必極有助益。

在本章最後，露絲和雷蒙用電腦看到近年來美國生活水準中不均等、移動與變化的研究。我自己將這些文章的經驗總結於此：〈半滿：美國生活水準不均等、移動和變化的插圖指南〉(Half-Full: An Illustrated Guide to Inequality, Mobility, and America's Standard of Living),同時可見於網站invisibleheart.com。

上帝、演變和浮現秩序

我認識很多對浮現秩序有興趣的人,他們不是激進的無神論者,就是虔誠的教徒。我了解無神論者為什麼會在未經設計下秩序浮現的可能性中感到慰藉。但浮現秩序亦和宗教信仰一致。正因為秩序可以在未經設計的情況下浮現,卻非意味所有的秩序都必須未經設計。浮現秩序在設計浮現內容的背景上,亦非排除了上帝的角色。你可以對演變與價格系統的驚奇感到讚嘆,因其證明了世界在無人負責、無人對該語句有最完整的概念下卻能運作良好,或是對上帝在我們的世界中嵌入如此的驚奇元素而由衷感恩。

誌謝

在此感謝聖路易市華盛頓大學的奧林基金會（Olin Foundation）和魏登榜中心（Weidenbaum Center），本書是在該地孕育。

這本書接著在喬治梅森大學蘊釀成熟。喬治梅森大學經濟學系是絕佳的工作場所。我對海耶克學問的諸多領悟與浮現議題，是在和唐．布德羅（Don Boudreaux）的交談中獲得啓發，他深諳此主題的要點並且熱衷討論。我從這些討論中獲益良多，唐更打造了一個令人讚嘆的開明工作空間，突顯以各種形式展現的良好經濟學。

我還要感謝曼羅．史密斯（Menlo Smith）的支持、鼓勵與期許。

同時謝謝黛德瑞．麥克勞斯基（Deirdre McCloskey），使我首次眞正嚐到價格理論的滋味並做爲分析工具，以及默默幫我爲本書中一個人物命名。

我也感謝喬治梅森大學莫卡特斯中心（Mercatus Center）的支持，以及成爲國會山莊校園（Capital Hill Campus）一份子的機會。我在那裡的講課使我了解許多本書中的想法，並在此改進了闡述方式。

此外，亦在此向艾米里歐·帕契科（Emilio Pacheco）和自由基金會（Liberty Fund），致上謝意，讓我有機會成爲自由與經濟圖書館（Library of Economics and liberty, econlib.org）的一份子，我在那發表的許多論文對本書中的想法有諸多助益。更不忘感謝杜懷特·李（Dwight Lee）和安迪·魯頓（Andy Rutten），他們精心規劃了二〇〇〇年五月所舉行的自由基金會大會「經濟學的傳播」（The Communication of Economics）。這場鼓舞人心的活動，讓我對於知識如何在市場中運用的奧祕充滿興趣。

本書許多故事背景設定在史丹福大學校園，背景時間是帶點未來色彩的虛構史丹福，因爲目前的大學生並未在畢業典禮上致詞。史丹福校園中實際上並無大盒子行政中心。此書的完成也要感謝胡佛研究中心及其總監約翰·萊尚（John Raisian）的支持。有幸在胡佛過暑假，更讓這本書的創作平添出色。

感謝對象尚包括史丹福大學網球總監迪克·顧爾德（Dick Gould），他協助我深入了解高級大學網球。書中若有任何錯誤的網球用語，皆爲本人筆誤之故。

對於文中露絲提到她雖熱愛教書，但若爲無酬工作，則不會在校園出現的內容，提供者是布魯斯・楊德（Bruce Yandle），在此感謝他。至於我聽過的「你的成就就是孝敬父母的方式」這句話，則出自四十年前足球課的羅里・馬西米諾（Rollie Massimino）。而酷炫的兒童單車安全帽的想法是源自克里斯・歐利瑞（Chris O'Leary）。

這本書以教師和學生坐在長椅上聊經濟學的對話展開序幕。蓋瑞・貝斯基（Gary Belsky）曾抱怨過，他們整天就是坐在長椅上。因此，我把露絲和雷蒙的對話場景拉離長椅。不過，史提夫・沙勒達（Steve Saletta）卻說，他們整天就是在說話。因此在他們離開長椅後，我就想辦法安排他們接下來的行程。感謝蓋瑞和史蒂夫的激勵，使本書改進不少。

此外，更有無數的讀者一路上給予我反饋意見與鼓勵。在此向以下讀者一併致謝：Susan Anderson、Eliana Balla、Lee Benham、Don Boudreaux、Penny Britell、Emily Brooks、Bryan Caplan、Art Carden、Tyler Cowen、Lauren Chrissos、Zev Fredman、Milton Friedman、Phyllis Terry Friedman、Lora Ivanova、Jonathan Katz、Noel Kolak、Moshe Looks、Richard Mahoney、Deirdre McCloskey、Kelly Mesa、Christine Moseley、John Nye、Emily Pitlick、

Kathy Ratte、Gina Yannitell Reinhardt、Morgan Rose、Andy Rutten、Steve Saletta、Bevis Schock、Tara Sinclair、Triya Venkatraman、Jeff Weiss和Ann West。

我同時感謝普林斯頓大學出版社賽斯・迪奇克（Seth Ditchik）的鼓勵、耐心與堅持，特別是在書名方面。

感謝蓋瑞・貝斯基（Gary Belsky）、喬伊・羅伯茲（Joe Roberts）、雪莉・羅伯茲（Shirley Roberts）和泰德・羅伯茲（Ted Roberts）多次閱讀手稿，並提供精闢入理的詳實意見與觀察。

特別感激我的太太雪倫（Sharon）和小孩在許多草稿中給予無數的寶貴意見，並且忍受我投入露絲和雷蒙長篇故事的所有時間，更耐心協助我拒絕了十幾個一點都不如《價格的祕密》（*The Price of Everything*）這麼貼切的書名。雪倫，這本書因妳的存在而有了意義。孩子們，希望你們長大後，美國仍是個夢想會成眞的地方，畢竟這世上並無織夢者的存在。

國家圖書館出版品預行編目資料

價格的祕密／羅素・羅伯茲（Russell Roberts）著；
李靈芝譯. -- 初版. -- 臺北市：經濟新潮社出版：
家庭傳媒城邦分公司發行, 2010.02
面；　公分. --（經濟趨勢；40）
譯自：The Price of Everything: A Parable of
Possibility and Prosperity
ISBN 978-986-7889-93-5（平裝）

874.57　　99000485

編號：QC1040　書名：價格的祕密

cité 城邦 讀者回函卡

謝謝您購買我們出版的書。請將讀者回函卡填好寄回，我們將不定期寄上城邦集團最新的出版資訊。

姓名：＿＿＿＿＿＿＿＿ 電子信箱：＿＿＿＿＿＿＿＿

聯絡地址：□□□ ＿＿＿＿＿＿＿＿＿＿＿＿＿＿＿＿

＿＿＿＿＿＿＿＿＿＿＿＿＿＿＿＿＿＿＿＿＿＿＿＿

電話：（公）＿＿＿＿＿＿＿＿（宅）＿＿＿＿＿＿＿＿

身分證字號：＿＿＿＿＿＿＿＿（此即您的讀者編號）

生日：＿＿年＿＿月＿＿日　性別：□男　□女

職業：□軍警　□公教　□學生　□傳播業　□製造業　□金融業　□資訊業　□銷售業　□其他＿＿＿＿＿＿＿＿

教育程度：□碩士及以上　□大學　□專科　□高中　□國中及以下

購買方式：□書店　□郵購　□其他＿＿＿＿＿＿＿＿

喜歡閱讀的種類：＿＿＿＿＿＿＿＿

□文學　□商業　□軍事　□歷史　□旅遊　□藝術　□科學　□推理

□傳記□生活、勵志　□教育、心理　□其他＿＿＿＿＿＿＿＿

您從何處得知本書的消息？（可複選）

□書店　□報章雜誌　□廣播　□電視　□書訊　□親友　□其他＿＿＿＿

本書優點：（可複選）□內容符合期待　□文筆流暢　□具實用性

□版面、圖片、字體安排適當　□其他＿＿＿＿

本書缺點：（可複選）□內容不符合期待　□文筆欠佳　□內容保守

□版面、圖片、字體安排不易閱讀　□價格偏高　□其他

您對我們的建議：＿＿＿＿＿＿＿＿＿＿＿＿＿＿＿＿

＿＿＿＿＿＿＿＿＿＿＿＿＿＿＿＿＿＿＿＿＿＿＿＿

＿＿＿＿＿＿＿＿＿＿＿＿＿＿＿＿＿＿＿＿＿＿＿＿

＿＿＿＿＿＿＿＿＿＿＿＿＿＿＿＿＿＿＿＿＿＿＿＿